LA

SCIENCE DU CŒUR HUMAIN

OU LA

PSYCHOLOGIE DES SENTIMENTS ET DES PASSIONS

D'APRÈS

LES ŒUVRES DE MOLIÈRE

LA

SCIENCE DU COEUR HUMAIN

OU LA

PSYCHOLOGIE DES SENTIMENTS ET DES PASSIONS

D'APRÈS LES

ŒUVRES DE MOLIÈRE

PAR

Le Dr Prosper DESPINE

RÉSIDANT A MARSEILLE,

MEMBRE HONORAIRE DE LA SOCIÉTÉ MÉDICO-PSYCHOLOGIQUE DE LA GRANDE-BRETAGNE
ET DE LA SOCIÉTÉ AMÉRICAINE DES PRISONS,
MEMBRE CORRESPONDANT DE LA SOCIÉTÉ MÉDICO-PSYCHOLOGIQUE DE PARIS
ET DE L'ACADÉMIE DES SCIENCES, BELLES-LETTRES ET ARTS DE SAVOIE,
LAURÉAT DE L'**Institut** (Section de Philosophie de l'Académie des *Sciences Morales et Politiques*).

—◦◦◦—

PARIS

F. SAVY, LIBRAIRE-ÉDITEUR

BOULEVARD SAINT-GERMAIN, 77

—

1884

INTRODUCTION.

Molière a été étudié sous des aspects si divers, qu'il semble difficile de pouvoir ajouter quelque chose de plus à toutce qu'on a dit à son sujet. Ce vaste champ de découvertes n'est cependant point épuisé. Le côté scientifique de ses œuvres étant resté inaperçu, je me propose de le mettre en lumière, avec la conviction de démontrer que si par ses éminentes qualités littéraires il figure parmi les plus remarquables de nos écrivains, par ses conceptions psychologiques il doit compter parmi les plus judicieux et les plus profonds de nos savants, car il a exposé avec une vérité merveilleuse la plus difficile de toutes les sciences, celle du cœur humain.

Pour connaître Molière d'une manière complète, il faut l'étudier comme littérateur, comme moraliste, et comme psychologue. Comme littérateur, il a été scruté à fond ; comme moraliste, les appréciations et les critiques ne lui ont pas fait défaut non plus ; il importe donc de ne pas laisser dans l'ombre la troisième face sous laquelle s'est présenté son vaste génie.

Le moraliste ayant des points de contact avec le psy-

chologue, je me permettrai d'exprimer quelques idées à
ce sujet. Il y a trois manières d'être moraliste. La première consiste à peindre les caractères, c'est-à-dire les sentiments et les passions qui inspirent les pensées et dirigent les actes des personnes que l'on observe. C'est la
vérité des tableaux qui fait le principal mérite de ces auteurs, car ils ne déduisent aucune conséquence de leur
description, et rien ne permet de tirer de leurs œuvres des
conclusions scientifiques et pratiques, de supposer même
qu'ils en aient entrevues. Tels furent Théophraste et
La Bruyère. Il serait oiseux de démontrer, après tant
d'autres, combien Molière a excellé dans l'art de peindre
les caractères. D'autres moralistes vont plus loin : ils décri-
vent les mœurs et les caractères de telle sorte qu'en montrant certains effets émanant toujours du jeu des sentiments et des passions, on peut, s'ils ne l'ont fait eux-
mêmes, en tirer des conséquences générales qui représentent les lois par lesquelles sont régis dans leur activité
ces éléments instinctifs de l'esprit, on peut en déduire la
science du cœur humain. Ce sont les moralistes psycholo-
gues, parmi lesquels Molière et La Fontaine occupent la
première place. Tel est le point de vue sous lequel Molière
sera envisagé dans ce travail.

Enfin, il est un troisième ordre de moralistes qui,
après avoir étudié la morale en elle-même, formulent en
préceptes les règles d'après lesquelles l'homme doit se di-

riger dans la plupart des circonstances de la vie, pour se conduire raisonnablement, sagement. Molière doit-il être compté parmi ces moralistes ? A cette question, on peut répondre en cherchant dans ses œuvres s'il existe des maximes qui puissent servir de règle de conduite. Or, ces maximes y fourmillent ; on en rencontre chaque fois qu'il fait parler une personne de bon sens. « Molière, dit à ce propos M. Jeannel, ne reste pas moins grand quand on songe à tant d'excellents préceptes et de leçons délicates sur des sujets qu'il est peut être impossible de traiter parfaitement dans les livres ou dans les sermons [1]. »

Décrire l'homme d'après nature, s'appesantir plutôt sur son mauvais que sur son bon côté moral ; exposer les effets des passions, ces principes actifs qui font mouvoir l'humanité tout entière, qui inspirent et dirigent ses pensées, qui créent la diversité de ses caractères et de ses opinions, qui font surgir ses désirs et qui entraînent ses volontés : voilà le but constant qu'il a poursuivi ; et si en étudiant l'humanité il s'est appesanti bien plus sur ses passions et ses travers que sur les heureuses qualités dont elle est douée, c'est afin de se conformer aux exigences du théâtre. La scène ne doit point être prise pour une chaire de morale, ainsi que beaucoup de personnes se l'imaginent, croyant que sa devise doit être invariablement : *Castigat ridendo mores.* Bien que le théâtre doive être

----

[1] *La Morale de Molière*, pag. 120, 1867.

moral autant que possible, il ne faut pas oublier qu'il est avant tout un lieu de délassement, ainsi que Molière l'a indiqué dans *la Critique de l'École des Femmes*. Le théâtre est donc obligé d'offrir au public des pièces qui plaisent et qui intéressent. Or, il n'est guère que deux manières d'atteindre ce but sur la scène : ou en excitant l'intérêt et la gaîté, c'est le rôle de la comédie ; ou en faisant surgir l'enthousiasme et l'émotion par la représentation des grands sentiments et des passions violentes, c'est le rôle de la tragédie et du drame. Comment la comédie peut-elle exciter l'intérêt et la gaîté? Est-ce en représentant le bon sens et la raison ? Hélas ! non. La vertu et la sagesse sont trop sévères, trop calmes, trop invariables dans leurs manifestations, et par conséquent trop monotones. En faisant de l'exposition de la vertu le but des comédies, le spectacle, manquant d'attrait, serait déserté. Un divertissement gai ne peut se produire que dans la représentation des vices, des ridicules, des bizarreries de caractère. Quoi de plus comique que l'exposition de la folie humaine, qui se croit seule sage, et qui, malgré ses précautions, fait constamment fausse route et finit par se trouver prise dans ses propres filets? Ce thème a de plus l'avantage de se prêter aux combinaisons les plus nombreuses et les plus variées. Ce n'est pas que, dans les représentations du vice et de l'extravagance, la sagesse et la raison ne trouvent aussi à se caser ; mais ce doit être seulement comme contrastes et non comme sujets du tableau. En tout cas, ce n'est point sur le spectacle qu'il faut compter pour améliorer les mœurs, et l'expérience démontre qu'il n'a jamais atteint ce but d'une manière saillante. S'il est un exemple cependant où le ridicule déversé au théâtre sur un vice ait fait disparaître ce vice, ce résultat n'a été obtenu que par *les Précieuses ridicules* et *les Femmes savantes*. Et encore ne l'a-t-il été que parce que les errements où avait entraîné l'exagération du bel esprit n'avaient pas de profondes racines dans les passions inhérentes à l'humanité. Quant aux travers et aux vices qui proviennent directement de ces passions, pas plus les exemples de vertu exposés sur la scène que les livres de morale ne les feront disparaître ; ils ne cesseront qu'avec l'humanité elle-même.

Quoique le théâtre n'ait pas la mission de moraliser, il peut avoir un but utile. Dans la préface du *Capricieux*, J. B. Rousseau a parfaitement indiqué ce but : « Si la comédie, dit-il, a quelque utilité, ce n'est pas tant à corriger les hommes que de montrer ce qu'il faut faire pour vivre avec les hommes incorrigibles. Il n'arrive pas toujours que l'on sorte meilleur du théâtre ; mais au moins il est sûr que l'on peut en sortir plus instruit ». Il y a cependant plus qu'un délassement et qu'une utilité dans les œuvres de Molière. Si les caractères des personnages sont essentiellement vrais, si les scènes représentées exposent

exactement et constamment le jeu naturel des passions; si,
de cette exposition, on peut déduire les lois qui gouver-
nent l'esprit humain, le théâtre s'élève à la hauteur d'une
chaire de psychologie. Tel est, chercherai-je à le démontrer, le théâtre de Molière. Il est vrai néanmoins que les
visées de ce grand génie ne se sont point élevées si haut. En
composant ses œuvres, il a eu surtout en vue d'amuser le
public; mais il a jugé que la meilleure manière d'atteindre
ce but était de représenter l'humanité dans ses principaux
travers ; et cette représentation s'est trouvée si profonde
et si parfaite, qu'elle est devenue un haut enseignement
psychologique.

A quelle source Molière a-t-il puisé les sages préceptes
qu'il a semés à profusion dans ses œuvres? Est-ce dans
les livres de morale ? Non. Cette source réside dans les
facultés morales ou instinctives les plus élevées[1], facultés
qui donnent la raison en matière de conduite, le bon
sens, le bon jugement, et dont la plus noble est sans contredit le sens moral, sentiment du bien et du mal, toujours accompagné du sentiment du devoir. Richement
doué par la nature sous le rapport instinctif, Molière a pu
formuler des préceptes pleins de sagesse pour un grand

---

[1] Bien que ces deux qualifications conviennent aux sentiments moraux,
elles ne sont cependant point synonymes. Le mot *instinctif* désigne leur
nature et le mot *moral* exprime le but de leur fonction, qui est de diriger et de caractériser les bonnes mœurs.

nombre de cas difficiles. Enfin, tout en montrant le vice sous les couleurs les plus vraies et les plus repoussantes, il est resté, de même que les grands génies en morale, constamment indulgent pour celui qui a failli.

Gardons-nous de croire, avec certains commentateurs, que Molière ait conçu un système particulier de morale, et que son dessein ait été de l'exposer dans ses comédies. Gardons-nous surtout de prendre pour sa morale, soit les maximes insensées que soutiennent les esprits faux, ridicules et pervers qu'il a représentés sur la scène, soit celles que l'on pourrait déduire de *l'Amphitryon*, et qui reflètent seulement la morale des dieux de l'Olympe, soit enfin les maximes légères que renferment ses pastorales-ballet et les paroles qu'il composait pour être mises en musique, œuvres qui célèbrent toujours les amours faciles. C'est exclusivement dans les sentences pleines de sagesse émises par les personnages qui dans ses œuvres, vis-à-vis de la folie, représentent la raison, que se trouve sa morale ; et cette morale ne lui appartient point en propre, elle est également celle de tout homme doué de bon sens, c'est-à-dire des bons sentiments humains ; elle est la morale dans son essence, la morale elle-même.

Puisque je me propose d'étudier Molière psychologue, et puisque la psychologie est une science naturelle basée sur l'observation, comme toute autre science, je dois présenter une explication sur le titre de savant, qui lui est décerné ici pour la première fois. Molière n'appartient point à la classe des savants érudits qui possèdent tout ce qu'on a écrit sur la science qui les occupe, et qui, aptes à la vulgariser, sont souvent incapables de la faire progresser faute d'originalité intellectuelle et de génie ; il fait partie des savants dont l'esprit est fixé sans cesse sur l'étude de la nature. Lorsque de tels penseurs sont guidés par un jugement droit qui sait discerner, sans jamais faire fausse route, tout ce que contiennent les faits, ils arrachent à la nature ses secrets les plus cachés, ses lois par lesquelles tout est régi, et ils savent en tirer des conséquences pratiques.

La science qui s'occupe des manifestations de l'esprit a pour objet deux parties distinctes : celle qui étudie les facultés intellectuelles et celle qui traite plus spécialement des manifestations instinctives ou morales, c'est-à-dire des sentiments et des passions. Cette dernière branche de la psychologie étant la seule intéressée dans les œuvres de Molière, c'est d'elle uniquement qu'il sera ici question. Quoique la moins étudiée, elle me paraît être néanmoins la plus importante des deux, puisque c'est à elle qu'appartient la solution du γνῶτι σέαυτὸν, de la connaissance de soi. Cette connaissance ne consiste pas précisément à apprécier les bonnes qualités dont on est doué, mais à connaître, à sentir ses instincts défectueux et pervers, afin

de pouvoir les combattre et les réprimer. Or, pour avoir
cette connaissance, certaines conditions sont absolument
nécessaires. Lorsque les sentiments moraux sont présents
dans son esprit en même temps que ses passions, l'homme,
éclairé par les premiers sur la qualité des secondes, se connaît : il reste raisonnable en présence de ses passions, il
apprécie leur nature irrationnelle ou perverse, et il peut
leur résister s'il le veut, car il possède alors tous les éléments nécessaires pour se déterminer librement. Mais il
n'en est plus de même lorsque les sentiments moraux lui
font plus ou moins défaut, soit parce qu'un vice congénial
ou une cause pathologique accidentelle empêchent leur
manifestation, soit parce que, les passions les ayant momentanément étouffés, paralysés par leur violence, ces
passions occupent totalement l'esprit. Dans ces diverses
circonstances, l'homme, n'étant plus éclairé à l'égard de ses
inspirations passionnées par la raison, c'est-à-dire par
les sentiments moraux, ne peut plus apprécier les bizarreries, les immoralités, que ses passions lui suggèrent ; il
les prend pour raisonnables, comme étant l'expression du
bien, de la justice et de la vérité. Il est donc aveuglé à
leur égard. C'est cet aveuglement moral par les passions,
causé par l'effet naturel que je viens d'indiquer et non
volontairement, qui constitue la folie humaine. Et cette
folie affecte non seulement les infortunés chez lesquels une
maladie cérébrale a fait surgir en eux des passions insolites,

étrangères à leur caractère; mais plus fréquemment encore et à un égal degré, a démontré Molière, les hommes en santé, sous l'influence de leurs passions naturelles.

La raison, qui éclaire l'homme pour la conduite qu'il doit tenir afin de se comporter sagement, tirant son origine des sentiments moraux ; et la folie, qui est la déraison inconsciente, non sentie, non comprise par l'individu, prenant sa source dans les passions alors qu'elles dominent et aveuglent l'esprit, l'une et l'autre sont par conséquent morales, instinctives de leur nature, et non pas intellectuelles. L'intelligence proprement dite, la faculté de poursuivre les idées, de les associer, de raisonner, et les connaissances intellectuellement acquises et retenues par la mémoire, sont si peu les éléments créateurs de la raison en morale, du bon jugement, que des hommes d'une intelligence médiocre, d'une instruction nulle, peuvent, ainsi que le fait ressortir Molière, faire preuve de beaucoup de raison s'ils sont doués de bon sens, c'est-à-dire de sentiments moraux, d'instincts droits, équitables ; tandis que des hommes très intelligents et fort instruits, n'ayant que de mauvais sentiments et manquant de ceux qui inspirent la justice et les aperçus vrais, montrent par leurs paroles insensées et par leur conduite extravagante, immorale, lorsque leurs passions viennent les assaillir, qu'ils sont alors complètement dénués de raison. Sous l'influence de ces passions, leur intelligence ne saurait les éclairer ; car, de même que l'intelligence prête à la morale, à la raison, le concours de tout son pouvoir lorsqu'elle fonctionne sous la direction des bons sentiments, de même aussi elle prête à l'extravagance, à la perversité, à la folie, tout son concours lorsqu'elle fonctionne sous la direction des mauvais instincts et des passions. Et, de même que dans le premier cas elle rend la morale intelligente et féconde, de même dans le second elle rend la folie intelligente et féconde aussi, plus apte par conséquent à parvenir à ses fins déplorables. On voit alors l'imagination créer des chimères, des idées absurdes, immorales ; et ces idées, étant basées sur ce qui a le plus de puissance sur l'esprit, sa manière de sentir, ont toute la confiance du passionné ; elles représentent à ses yeux le vrai, le juste, le bien ; aussi les prend-il pour prémisses des raisonnements qu'il forme sur ce qui intéresse ses passions. Appuyés sur de telles bases, ces raisonnements ne peuvent aboutir qu'à des conséquences erronées, absurdes, immorales, qu'à des actes extravagants et pervers.

C'est ce tableau de la déraison inconsciente, de la folie humaine représentée avec tous ses caractères essentiels et accessoires, ainsi que sous ses formes les plus variées, que Molière a exposé dans ses comédies avec une perfection et une profondeur de vue remarquables. Tels sont par conséquent les principes psychologiques les plus importants, d'où tant d'autres dérivent, que l'on est en droit de tirer de ses œuvres.

Bien que Molière ait été classé parmi les poètes, à cause
de son admirable versification, cependant son génie est
plus scientifique que poétique. L'imagination, source fon-
damentale de la poésie, n'est pas ce qui domine en lui ;
aucun de ses caractères n'est réellement artistique, tous
représentent la nature humaine exactement telle qu'elle est.
Parfois il les a tirés des œuvres de ses devanciers ; il a
même emprunté à ceux-ci des scènes entières dont il a
considérablement rehaussé la valeur en se les appropriant.
Mais c'est surtout dans les caractères qu'il avait sous les
yeux qu'il a trouvé ses personnages. On sait que Molière
parlait fort peu en société. Sans cesse préoccupé par l'ana-
lyse psychique des faits qui se déroulaient devant lui, son
attitude était celle d'un homme qui observe et qui étudie.
Son mérite scientifique est d'avoir su découvrir dans ces
faits les effets naturels des passions, tels que doivent les
faire ressortir les lois qui président à leur activité. Si le génie poétique eût prédominé en lui, au lieu de décrire
l'humanité ainsi qu'elle se montre toujours sous l'influence
des passions, il se fût parfois éloigné de la vérité, ce qui
est arrivé aux vrais poètes. Guidé sans cesse par son génie
scientifique, son imagination lui a servi seulement à donner aux vérités psychologiques qui débordaient de sa
plume la forme séduisante que chacun sait. Et cependant,
en travaillant à ses comédies, il ne se doutait probablement
pas plus qu'il faisait de la psychologie que M. Jourdain ne

se doutait qu'en parlant il faisait de la prose. Faire de la psychologie sans le savoir, c'est n'avoir pour guide que l'étude des faits, sans être imbu des doctrines systématiques, si souvent basées sur des conceptions imaginaires et si souvent contradictoires, des diverses écoles philosophiques. Avec son esprit observateur, d'une justesse exceptionnelle, Molière, aux prises seul avec la nature, était dans des conditions meilleures pour la forcer à se découvrir que s'il eût appartenu à une école quelconque, aux idées de laquelle il eût peut-être fait plier les faits et leur interprétation.

La psychologie, et principalement la psychologie des sentiments et des passions, procède de la même manière que les autres sciences pour se former, et elle aspire au même but. Son point de départ est l'observation des faits psychiques, c'est-à-dire l'étude des pensées énoncées et des actes accomplis par l'homme. Quant à son but, il est d'arriver, au moyen de déductions tirées de ces faits, à découvrir les lois qui dirigent l'esprit humain dans son activité. Et que l'on ne pense pas qu'il y ait un mérite moindre à apercevoir ces lois, à les exprimer d'une manière quelconque, ou en formules ou en action, qu'à trouver celles qui dirigent le monde physique. Beaucoup de savants ont marché sur les traces des grands physiciens et des grands naturalistes ; ils ont dépassé leurs devanciers

par les progrès qu'ils ont accompli et par des découvertes nouvelles. Mais en est-il beaucoup, parmi ceux qui se
sont livrés à l'étude du cœur humain, qui aient, je ne dis
pas dépassé, mais même atteint les hauteurs auxquelles
Molière est parvenu?

Ce qu'on entend par cœur humain, dans le langage
usuel, étant les éléments instinctifs, bons ou mauvais, de
l'esprit, c'est-à-dire les sentiments et les passions, la
science du cœur humain consiste dans l'exposé des effets
naturels qu'ils produisent principalement lorsqu'ils se
trouvent dans les conditions particulières où ces principes
instinctifs dominent et dirigent l'esprit; ces effets, se répé-
tant sans cesse sous l'influence de ces mêmes conditions,
sont donc déterminés par des lois et ne sont point libres,
bien qu'ils soient issus de notre propre initiative. Ces éléments instinctifs faisant partie de notre moi, en étant même
la partie la plus active, nous prenons, par le fait d'une
illusion facile à concevoir, ce qu'ils nous dictent comme
étant facultatif et libre de notre part. Si leurs effets étaient
tels, ils seraient étrangers à toute science et nous n'aurions
rien à y voir et à en déduire. Les philosophes, ayant considéré ces effets comme étant absolument libres, n'ont pas
supposé qu'il y eût là une science à étudier; aussi ne se
sont-ils point occupés de la psychologie des passions.

Ces préliminaires, qui exposent le but que je me propose, étaient nécessaires pour étudier les effets de la possession de l'esprit et de son aveuglement moral par les passions, tels que Molière les a exposés dans ses OEuvres. La marche qui m'a paru la plus naturelle à suivre dans cette étude consiste à montrer ces effets dans ses principales comédies. Ce ne peut certainement pas être au début, mais seulement au fur et à mesure que l'on avancera dans cette étude, qu'il sera permis d'apercevoir la constance de ces effets, et que par conséquent cette exposition pourra prendre de l'intérêt.

LA

SCIENCE DU CŒUR HUMAIN

OU LA

PSYCHOLOGIE DES SENTIMENTS ET DES PASSIONS

D'APRÈS

LES ŒUVRES DE MOLIÈRE

LA PSYCHOLOGIE DES PASSIONS

D'APRÈS MOLIÈRE

DON GARCIE DE NAVARRE.

Les passions peuvent s'emparer de l'esprit de l'homme ; elles peuvent l'occuper par moment d'une manière si absolue, qu'elles ne permettent alors à aucun élément instinctif de la raison, du bon sens, à aucun sentiment moral, de s'y faire en même temps sentir pour éclairer la conscience sur la nature irrationnelle de ces passions. Dans ce cas particulier, qu'il est facile de constater chez autrui et surtout sur soi-même, car tous plus ou moins nous le subissons par moment, l'homme est entièrement

aveuglé par elles ; il interprète conformément à leurs
vœux, à leurs aspirations, les divers événements qui se
présentent. Cet effet naturel des passions est signalé en
ces termes dans cette comédie, alors que Done Elvire se
plaint de la jalousie de Don Garcie :

> « Voir un prince emporté qui perd à tous moments
> le respect que l'amour inspire aux vrais amants ;
> qui, dans les soins jaloux où son âme se noie,
> querelle également mon chagrin et ma joie,
> *et dans tous mes regards ne peut rien remarquer*
> *qu'en faveur d'un rival il ne veuille expliquer.* »

Mais les facultés intellectuelles ne se bornent pas alors
à interpréter faussement les faits, à créer ainsi des idées
chimériques, délirantes ; elles prêtent également tout
leur concours à la satisfaction de la passion. Les vers
suivants, tirés du *Dépit amoureux*, exposent ce second
mode de l'activité intellectuelle quand elle est dirigée
par la passion :

> « Quand l'amour est bien fort, rien ne peut l'arrêter ;
> *ses projets seulement vont à se contenter ;*
> et pourvu qu'il arrive au but qu'il se propose,
> il croit que tout le reste après est peu de chose. »

Ainsi dirigée par les passions, l'intelligence cesse par
conséquent d'être un foyer de lumière, un élément de
raison, pour devenir un instrument de folie, puisqu'elle
ne fait qu'engendrer le délire et que combiner des projets qui aboutissent seulement à contenter les passions.
Ces deux sortes de produits, que donne l'intelligence sous
la direction de ces éléments instinctifs, spécifient son

rôle dans la folie. Aussi les rencontrerons-nous toutes les fois que Molière met en scène des esprits faux, chimériques, pervers, dominés et moralement aveuglés par leurs passions.

Quoique l'homme ne sente pas tout ce que sa passion renferme d'irrationnel lorsqu'elle le domine et l'aveugle, il est néanmoins à même de l'apprécier lorsque, cette passion s'étant apaisée et n'absorbant plus son esprit, les sentiments moraux peuvent y réapparaître et l'éclairer. C'est alors qu'il la réprouve et qu'il peut former la résolution de ne plus retomber dans les fautes qu'il a commises sous son influence ; c'est alors qu'il s'écrie, de même que Don Garcie :

> « Et par un trait fatal d'une rigueur extrême,
> mon plus grand ennemi se rencontre en moi-même. »

Mais, malgré le projet, sincèrement formé alors, de lutter contre sa passion et de la vaincre, si une cause excitante vient stimuler encore cette passion, on voit, lorsque par sa violence elle étouffe de nouveau les sentiments qui inspirent la raison, on voit, dis-je, cette passion reproduire les mêmes effets : le passionné croit de nouveau bien penser et bien agir en suivant les inspirations qu'il désapprouvait naguère. Cet effet peut se reproduire plusieurs fois, malgré les bonnes intentions sans cesse renouvelées en état de raison. Cette malheureuse disposition, inhérente à certains individus animés de passions vives, d'être totalement absorbés par elles, n'a pas échappé à la sagacité de Molière. Au moment où Don Garcie achève son serment de réprimer sa jalousie, une lettre remise à la personne qu'il aime, réveille instantanément cette passion dans son cœur. Dominé et aveuglé de nouveau par sa jalousie, il la manifeste par des reproches d'une violence extrême. Le peu de résultat que produisent les bonnes résolutions prises par certains passionnés lorsqu'ils ont cessé d'être envahis et dominés par leurs passions, est un effet naturel et involontaire qu'il était d'autant plus méritoire de mettre en évidence que dans les hautes régions de la philosophie on n'a cessé de professer que l'homme peut toujours maîtriser ses passions. Pour avoir la possibilité de prévenir les effets de celles qui envahissent instantanément l'esprit, il faut une longue habitude de s'observer et une volonté énergique de leur résister avant qu'elles aient complètement absorbé l'esprit, car, dès qu'elles en sont arrivées là, l'homme ne se possède plus, il est possédé par elles. Pour qu'il puisse désirer et vouloir se soustraire à leur joug, il faut qu'il entende la voix des sentiments moraux qui éclairent la conscience à l'égard de ces passions et qui inspirent une vive réprobation contre tout ce qu'elles suggèrent. S'il ne possède pas ces éléments de la raison, ou si ces éléments sont étouffés dans son esprit par ses passions, rien ne l'engageant à se vaincre et à se réformer, il retombera inévitablement dans les mêmes fautes.

Ce ne sont pas seulement les préceptes moraux sentis par la conscience en état de raison qui disparaissent momentanément de l'esprit dans l'état de folie ; ce sont également les préceptes appris par l'instruction et retenus par la mémoire. Molière a signalé ce fait dans *les Femmes savantes*. Armande, livrée à l'étude de la philosophie, connaît les sages conseils que cette science enseigne ; mais étant blessée dans son amour-propre par son abandon de la part de Clitandre, aussitôt elle se livre contre lui à des injures qui sont en opposition avec les maximes que, un instant auparavant, elle se vantait de posséder, ce qui motive la remontrance suivante de la part de sa sœur Henriette :

> « Hé ! doucement ; ma sœur, où donc est la morale
> qui sait si bien régir la partie animale,
> et retenir la bride aux effets du courroux? »

L'attrait de l'homme pour tout ce qui flatte et excite les passions qui le dominent, ne persiste pas moins, quoique les effets de cette flatterie et de cette excitation le rendent malheureux. Molière a signalé cette particularité dans la confidence faite par Don Lope à Élise, que c'est lui qui, dans son propre intérêt, excite la jalousie de Don Garcie, ce moyen étant héroïque pour se faire bien voir de lui :

> « Et quand je peux venir, enflé d'une nouvelle,
> donner à son repos une atteinte mortelle,
> c'est lors que plus il m'aime, et je vois sa raison
> d'une audience avide avaler le poison,
> et m'en remercier comme d'une victoire
> qui comblerait ses jours de bonheur et de gloire. »

Tel est le véritable sentiment du flatté à l'égard du flatteur. Et l'on peut apprécier ici la différence qui existe entre le génie scientifique de Molière et le génie poétique de Racine. Tandis que le premier proclame, avec La Fontaine, que : le flatteur vit toujours aux dépens de celui qui l'écoute, Racine fait maudire le flatteur par le flatté. Au lieu de faire déclamer, dans *Phèdre*, sa sublime imprécation contre les flatteurs par cette princesse elle-même, alors qu'elle brûle toujours d'un ardent amour pour Hippolyte, il aurait dû, afin de rester psychologiquement vrai, la faire exprimer par un tiers désintéressé dans la passion flattée. Rien n'est plus saisissant que la description psychologique du flatteur et du flatté dont Molière a rempli toute la scène 1re de l'acte II, description qui est un chef-d'œuvre de fine observation et de science du cœur.

Si l'homme reste toujours maître de lui en présence de sa passion, lorsqu'elle n'empêche pas les sentiments rationnels d'intervenir pour l'éclairer, il n'en est plus de même, avons-nous dit, lorsque la passion absorbe complètement son esprit et paralyse, par ce fait, tous les instincts moraux antagonistes de cette passion. Dans ce cas, l'homme n'a réellement plus la possibilité de lui résister, puisque rien ne l'y engage dans sa conscience. Nous allons voir que Molière a su discerner ces deux cas. Si par les paroles suivantes, exprimées par Done Elvire :

> « Et toujours notre cœur est en notre pouvoir.
> Il peut bien quelquefois montrer quelque faiblesse ;
> mais enfin sur nos sens, la raison, la maîtresse.... »

si par ces paroles, dis-je, il semble proclamer, avec les philosophes et les moralistes, que l'homme peut toujours maîtriser ses passions, il a tellement l'intention de faire comprendre que cette sentence est loin de représenter toujours la vérité, qu'il la fait couper brusquement par un interlocuteur entrant en scène. Puis, un peu plus loin, il indique dans les vers suivants, débités par Don Alvar, que l'homme peut être moralement aveuglé par ses passions:

> « Seigneur, nos passions nous font prendre souvent
> pour chose véritable un objet décevant. »

A ces sages paroles, le jaloux, dominé par sa passion et ne pouvant plus entendre la voix de la raison, donne une réponse qui fait comprendre combien est complet l'esclavage moral dans lequel il se trouve:

> «.... Don Alvar, laissez-moi, je vous prie:
> un conseiller me choque en cette occasion,
> *et je ne prends avis que de ma passion.* »

La folie de Don Garcie était partielle, bornée à l'objet de sa passion ; elle était temporaire aussi, limitée aux instants où la passion occupait son esprit, où elle l'absorbait et le dominait complètement, ainsi que cela a lieu chez les malades de cerveau qui sont atteints de folie instinctive et raisonnante.

Quelle conséquence pratique faut-il tirer de l'aveuglement naturel et involontaire de l'homme par ses passions? Molière, qui est toujours complet dans ses enseignements, va la donner par la bouche de Dona Elvire :

> « *Et votre maladie est digne de pitié !*
> Je vois, prince, je vois qu'on doit quelque indulgence
> aux défauts où du ciel fait pencher l'influence. »

La science est donc d'accord avec la morale : toutes deux commandent l'indulgence pour les passionnés aveuglés. Ces deux sources de lumière ne pouvaient être en opposition l'une vis-à-vis de l'autre.

Tout ce qui a rapport à la jalousie de Don Garcie s'applique exactement aux autres passions. Comme pièce de théâtre, cette œuvre est fort médiocre et n'a jamais eu de succès. On doit la considérer comme une étude psychologique sur les passions, et, comme telle, elle est fort remarquable.

LES FACHEUX.

Être moralement aveuglé par des passions à l'égard de leurs inspirations extravagantes ou chimériques; prendre ces inspirations pour sages et raisonnables : tel est le phénomène psychique que présentent *les Fâcheux* de Molière.

Lorsque l'esprit est plein d'une idée passionnée, l'homme est porté à croire que tout le monde doit être au fait de ce qui le préoccupe et y prend un intérêt aussi vif qu'il y prend lui-même. Alcipe, entièrement absorbé par la passion du jeu, entre brusquement dans le récit de la partie qu'il a perdue, à l'endroit le plus intéressant pour lui de cette partie, comme si tout ce qui avait précédé était connu de la personne à laquelle il s'adresse, et il s'écrie :

« Il ne m'en faut que deux... »

sans dire de quoi. Ce trait est admirable de vérité. Ou
bien il semble à ce passionné que tout le monde partage
sa manière de voir et son anxiété à l'égard de ce qui le
préoccupe lui-même, ce qui est le propre de tous les
fanatiques politiques, religieux et autres. Alcipe manifeste cet effet naturel des passions de la manière suivante :

> «.....J'aurai toujours ce coup-là sur le cœur ;
> et c'est pour ma raison plus qu'un coup de tonnerre.
> Je veux le faire, moi, voir à toute la terre »

comme si toute la terre allait prendre intérêt à ce résultat du jeu ! Un effet semblable est loin d'être rare.
N'avons-nous pas tous été importunés par des gens qui
viennent nous raconter avec exaltation et dans leurs plus
petits détails certains faits d'une grande futilité qui
intéressent leurs passions? Ce même-effet a été reproduit
d'une autre façon dans la scène xvii du *Cocu imaginaire*.
Sganarelle, absorbé par sa jalousie, croit que tout le monde
pense à ce qui le préoccupe, et il prend les paroles cour-
roucées que Célie prononce contre Lélie, son amoureux,
pour de l'indignation que ferait éprouver à cette jeune
fille la cause qui le chagrine, lui, Sganarelle. Ce *quiproquo*
fort comique, provoqué par sa passion, lui fait dire en
s'adressant à Célie :

> « Vous prenez ma défense avec trop de bonté ;
> tout le monde n'a pas la même charité. »

Et plus loin :

> « Ne vous fâchez pas tant, ma très chère madame ;
> mon mal vous touche trop et vous me fendez l'âme, »

En vrai savant qu'il était, Molière n'a jamais visé aux saillies d'esprit, aux bons mots qui font briller les pièces de théâtre de certains auteurs modernes. Dans *les Fâcheux* se rencontre la seule saillie, je crois, qui soit sortie de sa plume. Et encore n'y figure-t-elle pas comme telle. Elle y représente la solution vraie d'un problème psychologique que l'on cherche à résoudre. Éraste ayant à décider, après un vif débat entre deux dames, quel est l'amour préférable, de celui qui est jaloux ou de celui qui ne l'est pas, rend son jugement par un trait d'esprit qui est encore davantage un trait de bon sens et de vérité :

> « Puisqu'à moins d'un arrêt je ne puis m'en défaire,
> toutes deux à la fois je veux vous satisfaire ;
> et pour ne point blâmer ce qui plaît à vos yeux,
> le jaloux aime plus, et l'autre aime bien mieux. »

L'ÉCOLE DES MARIS ET L'ÉCOLE DES FEMMES.

Dans *l'École des Maris*, Molière a exposé un effet très curieux des fortes préoccupations passionnées. Cet effet est manifesté par certains actes automatiques. L'habitude que l'on a d'accomplir un acte dans telle circonstance fait que si, pendant une forte préoccupation d'esprit, cette circonstance se reproduit, on accomplit ce même acte sans qu'il ait sa raison d'être. Sganarelle, inquiet, soupçonneux et toujours aux aguets dans sa maison, a l'habitude de s'écrier au moindre bruit qu'il entend à sa porte : « Qui va là ! » Préoccupé par ses pensées jalouses,

il va frapper à la porte de Valère. Au bruit du marteau,
sa parole habituelle sort automatiquement de sa bouche :

« Ne perdons point de temps ; c'est ici (Il frappe). Qui va là?
Bon, je rêve. Holà, dis-je, holà, quelqu'un ! holà ! »

Le besoin d'expansion, inhérent aux passions vives qui
absorbent l'esprit, devient parfois si impérieux qu'il fait
explosion, même dans des circonstances qui compromettent gravement le passionné. Les conspirateurs décou-
vrent d'autant plus facilement leurs projets que la passion
qui les occupe est plus violente. Le meurtrier qui tue
sous l'influence de la vengeance, de la haine, de la
jalousie, pleinement satisfait par cet acte odieux, ne
craint pas de proclamer avec jactance, tant que sa passion
l'absorbe et le domine, qu'il est l'auteur du crime et
qu'il est content de l'avoir accompli. S'il a manqué le
coup qu'il préméditait, il en exprime du regret, disant
qu'il prendra mieux ses mesures à une prochaine ten-
tative. Les sentiments inspirateurs de l'intérêt bien
entendu, et qui contiendraient cette expansion imprudente
s'ils étaient présents, étant étouffés par la passion, celle-ci
se manifeste sans retenue par des paroles compro-
mettantes, empreintes souvent d'une grande vivacité.
Dans *le Cocu imaginaire*, Sganarelle, absorbé par l'idée
que Lélie le trompe, ne peut retenir son indignation.
Cette passion faisant explosion, il s'empresse de proclamer
partout qu'il est trompé par ce jeune homme, sans songer
au ridicule auquel il se voue, ce qui donne lieu à cette
boutade si comique :

« Déjà, pour commencer, dans l'ardeur qui m'enflamme,
je vais dire partout qu'il couche avec ma femme. »

Dans *l'Avare*, Molière montre de la manière suivante le passionné mis en défaut par la violence de sa passion, et découvrant par cet excès ce qu'il a le plus à cœur de cacher :

HARPAGON.

(Bas, à part.) « Je tremble qu'il n'ait soupçonné quelque chose de mon argent. (Haut.) Ne serais-tu point homme à faire courir le bruit que j'ai chez moi de l'argent caché ?

LAFLÈCHE.

Vous avez de l'argent caché ?

HARPAGON.

Non, coquin, je ne dis pas cela ; je demande si malicieusement tu n'irais point faire courir le bruit que j'en ai ? »

C'est par une imprudence semblable qu'il découvre également à son fils qu'il a dix mille écus chez lui, c'est-à-dire en voulant lui prouver par des raisons fort maladroites qu'il ne peut pas avoir cette somme. Enfin, c'est par les fréquentes visites qu'il fait à son trésor, dans le but de s'assurer qu'il est bien caché, qu'il fait savoir le lieu où il l'a mis. Pensant toujours à son or, ne pouvant s'empêcher d'en parler, il suppose que les autres y pensent comme lui ; il les oblige à y penser alors qu'ils n'y songeaient point.

Ce n'est pas seulement en action que Molière a exposé cet effet naturel des passions vives, quelles qu'elles soient, qui absorbent et qui dominent l'esprit. Il l'indique également en paroles à l'occasion d'une joie vive qui remplit le cœur d'Horace dans *l'École des Femmes*. Voici l'admi-

rable sentence qu'il place à cette occasion dans la bouche
de ce jeune homme :

> « L'allégresse du cœur s'augmente à se répandre,
> et, goûtât-on cent fois un bonheur tout parfait,
> on n'en est pas content si quelqu'un ne le sait. »

La passion dominante d'Arnolphe de *l'École des Femmes*
est exactement celle qui aveugle Sganarelle de *l'École
des Maris* : c'est l'égoïsme stupide. Arnolphe, aveuglé
par cette passion, s'est imaginé que le moyen le plus sûr
de n'être pas trompé par sa femme est d'épouser une
sotte. C'est en vain que Chrysalde lui démontre que ce ne
sont ni l'ignorance, ni la sottise, qui sont les sauvegardes
de la vertu de la femme. Aux raisons les plus sensées
par lesquelles il cherche à convaincre Arnolphe qu'il
fait fausse route, celui-ci, imitant un passage de Rabelais,
répond à Chrysalde à peu près ce que Pantagruel répond
à Panurge :

> « Pressez-moi de me joindre à femme autre que sotte,
> prêchez, patrocinez jusqu'à la Pentecôte ;
> vous serez ébahi, quand vous serez au bout,
> que vous ne m'aurez rien persuadé du tout. »

Il part de cette affirmation, qui confirme son aveuglement à l'égard de ses inspirations passionnées, pour se
vanter d'avoir adopté une idée que tout homme raisonnable considérerait comme extravagante, honteuse même,
celle d'avoir ordonné, dans le petit couvent où il a placé
Agnès, d'employer tous les soins

> « Pour la rendre idiote autant qu'il se pourrait. »

Une seule pensée poursuit Arnolphe : la satisfaction des éléments instinctifs, bizarres, extravagants, qui composent son affreux caractère, sans tenir compte du bonheur de sa pupille. Sa conduite insensée, qu'il tient pour très raisonnable, est appréciée à sa valeur par Chrysalde dans le vers suivant :

« Ma foi, je le tiens fou de toutes les manières. »

Mais les passionnés aveuglés à l'égard de leurs extravagances sont tellement persuadés que leurs idées représentent la raison, la vérité, ce qui est le caractère psychologique de la folie, qu'ils sont étonnés de rencontrer des contradicteurs, et, de même qu'Arnolphe, ils s'écrient, faisant allusion à ceux-ci et non pas à eux-mêmes :

« Chose étrange de voir comme avec passion
un chacun est chaussé de son opinion ! »

L'homme, vient de nous démontrer Molière, considère comme représentant la raison, c'est-à-dire le vrai, le juste, le bien, tout ce que lui dictent les éléments instinctifs qui le dominent, que ces éléments instinctifs soient de bonne ou de mauvaise nature. Or, comme ces éléments varient suivant les races humaines et suivant les individus d'une même race, l'unité morale ne peut pas exister dans les esprits. Il n'y a pas d'autre cause à la diversité de la morale dans l'espèce humaine, question qui a toujours occupé les philosophes. Si l'homme doué de sentiments moraux considère comme représentant le vrai, le juste, le bien, les inspirations que ces facultés lui ont suggérées, celui dont tous les instincts sont mauvais, imparfaits, ou qui n'entend dans sa conscience que la voix de ses passions parce qu'elles y occupent momentanément la place de ses bons sentiments, prend aussi comme représentant la raison, (c'est-à-dire le vrai, le juste, le bien) les inspirations de ces mauvais instincts, et regarde comme irrationnels les sages avis qu'on lui donne, et comme fous ceux qui les lui présentent. Voici comment Molière a fait ressortir cet effet des passions dans le dialogue suivant, emprunté à *l'École des Maris* :

SGANARELLE.

« Je vous dirai pourtant que mes intentions
sont de ne point prendre de vos corrections ;
que j'ai pour tout conseil ma fantaisie à suivre,
et me trouve fort bien de ma façon de vivre.

ARISTE.

Mais chacun la condamne.

SGANARELLE.

Oui, des *fous* comme vous. »

Dans sa quatrième satire, écrite sur les folies humaines, Boileau a exprimé en ces termes la même pensée.

« D'où vient, cher Le Vayer, que l'homme le moins sage
croit toujours seul avoir la raison en partage,
et qu'il n'est point de fou qui, *pour bonnes raisons,*
ne loge son voisin aux Petites-Maisons ? »

En effet, autant sous la domination des passions naturelles au caractère de l'homme en santé que sous la domination de celles que produisent des maladies cérébrales, le fou peut délirer logiquement. Prenant pour point de départ ses inspirations passionnées, il arrive, par des déductions logiques, à des conséquences erronées, chimériques, immorales, suivant les passions qui ont fourni les prémisses. Il appuie ainsi ses inspirations passionnées sur des raisonnements fort bien combinés qui prouvent que si, par ses points de départ, ses facultés morales sont fort compromises, ses facultés intellectuelles restent néanmoins intactes. L'aliéniste Leuret avait défini le fou : Un homme qui se trompe. Pour que cette appréciation fût juste, il aurait fallu la compléter en disant : Le fou est un homme qui est aveuglé et trompé par ses passions; et ses passions l'aveuglent et le trompent, *parce qu'elles envahissent si complètement son esprit, qu'aucun sentiment moral ne peut intervenir pour l'éclairer sur ses inspirations passionnées*. Locke a défini le fou : Un homme qui raisonne juste en partant d'un faux principe. Mais encore, pour que cette définition fût complète, aurait-il fallu ajouter que le principe faux doit être suggéré par une passion qui domine actuellement l'esprit. Ce sont ces compléments indispensables que Molière a su mettre en relief dans ses comédies. En soutenant dans toute leur intégrité, pendant le cours de chacune de ses pièces, les caractères bizarres, extravagants, immoraux, qu'il a dépeints, il fait voir que la folie, selon l'expression heureuse du Dr Baillarger, est une infortune qui s'ignore, et de plus il démontre que cette infortune consiste dans l'aveuglement moral de l'homme à l'égard de ses inspirations passionnées. Enfin, par l'incorrigibilité des insensés qu'il a mis en scène, incorrigibilité qu'il a soin de faire ressortir sans cesse, il confirme la maxime suivante de Larochefoucauld : « S'il y a des moyens pour guérir la folie (pathologique),

il n'en existe pas pour redresser les esprits de travers ».
Cette incorrigibilité si préjudiciable aux vrais intérêts de
l'individu, cet entêtement absurde dans le mal, semblent
tellement incompréhensibles, qu'il est bon d'en donner
la clef. L'observation démontre que le plaisir et le
bonheur de l'homme résident dans la satisfaction de
ses éléments instinctifs prédominants, *quels qu'ils soient*,
et que le chagrin et le malheur résident dans ce qui froisse,
blesse et contrarie ces mêmes éléments, dans tout ce
qui contre-carre leur satisfaction. C'est donc par l'attrait
d'une satisfaction que les êtres bizarres, ridicules, pervers, dominés par leurs, passions, suivent invariablement
l'ornière fatale dans laquelle ils sont engagés. Chacun
trouve son plaisir où le lui imposent les éléments instinctifs prédominants de son esprit, c'est-à-dire dans les circonstances qui les flattent et qui les satisfont ; aussi
chacun cherche-t-il à faire naître ces circonstances.
En rattachant le plaisir et le bonheur de l'homme à
un objet unique pour tous, et, par respect pour la morale,
en plaçant leur source dans la sagesse, dans la religion,
les philosophes et les moralistes ont rendu tout à fait
inexplicable l'incorrigibilité des passionnés aveuglés
et des êtres essentiellement pervers.
Une passion accidentellement excitée absorbe parfois
si complètement l'esprit, qu'elle s'y substitue instantanément aux sentiments et aux passions qui composent le
caractère naturel de l'homme. Cette passion accidentelle
dirige alors seule la pensée, l'imagination, les désirs, la
volonté. Dans ces cas, l'homme est tout autre que ce

qu'il est naturellement, et, comme on le dit vulgairement, il sort de son caractère. Par les vers suivants, Molière expose en observateur profond cet effet des passions accidentelles :

HORACE.

« Il le faut avouer, l'amour est un grand maître :
ce qu'on ne fut jamais, il nous enseigne à l'être ;
et souvent dans nos mœurs l'absolu changement
devient par ses leçons l'ouvrage d'un moment.
De la nature en nous il force les obstacles,
et ses effets soudains ont de l'air des miracles.
D'un avare à l'instant il fait un libéral ;
un vaillant d'un poltron, un civil d'un brutal ;
il rend agile à tout l'âme la plus pesante,
et donne de l'esprit à la plus innocente. »

Ce que Molière dit de l'amour s'applique à toute passion accidentelle assez puissante pour absorber momentanément l'esprit et dominer les instincts qui composent le caractère naturel de l'individu. Une fois l'excitation passionnée tombée, le caractère reprend tout son empire et l'homme redevient lui-même.

La scène iv de l'acte V de *l'École des Femmes* serait toute à citer comme leçon de psychologie pratique. Elle développe le principe que c'est par les bons procédés, par l'affection, que l'on s'empare du cœur de ses semblables, qu'on se les attache, qu'on les gouverne, et non par la crainte, les humiliations, la tyrannie. Horace s'est adressé au cœur d'Agnès par l'affection, et il a fait naître de suite en elle le même sentiment, ainsi que cette jeune fille le dit à son tuteur avec une adorable naïveté :

> « Vraiment il en sait donc là-dessus plus que vous,
> car à se faire aimer il n'a point eu de peine. »

C'est par ce moyen que, dans *l'École des Maris*, Ariste, quoique plus âgé que Sgnanarelle, sait se faire aimer de sa jeune pupille, tandis que celui-ci et Arnolphe ne savent que se faire détester des jeunes personnes qu'ils veulent épouser. Le système sur lequel devrait se baser l'éducation de la jeunesse et la règle à suivre pour traiter les êtres pervers en vue de les améliorer, système qui est loin d'exclure la discipline, de négliger à l'occasion la fermeté, et par exception et temporairement la sévérité, se trouve tracé dans cette scène remarquable. C'est en vain qu'Arnolphe, après s'être aliéné le cœur d'Agnès, cherche à le saisir par des protestations amoureuses. Si l'on fait tant que de s'aliéner le cœur de son semblable, il est difficile de parvenir à se l'attacher. Molière exprime cette vérité par la réponse que fait Agnès aux sollicitations passionnées de son tuteur :

> « Tenez, tous vos discours ne me touchent point l'âme ;
> Horace avec deux mots en ferait plus que vous. »

La science du cœur humain est, on le voit, essentiellement pratique chez Molière, ainsi que doit l'être toute science réelle ; et, bien que par cette circonstance elle affirme son utilité, cette utilité est restée inaperçue aux yeux de certaines personnes. Nous en avons la preuve dans le passage suivant extrait d'un article écrit sur *la Morale de Molière*, par M. V. de Laprade, dans *le Correspondant*, n° du 25 août 1876. «*L'École des Maris* et *l'École des Femmes* sont d'amirables tableaux de mœurs, des peintures du réalisme le plus saisissant. On y trouve une multitude de notions fort exactes pour aider à juger la nature humaine telle qu'elle est dans ses plus vilains côtés. Mais quand j'entends les critiques me parler de ces comédies comme utiles et instructives, j'ai bien le droit de demander : utiles à quoi ? instructives à quoi ? Dans *l'École des Maris* et dans *l'École des Femmes*, l'enseignement est exactement le même. On voit apparaître nettement cet axiome raisonnable : qu'il ne faut ni enfermer, ni rudoyer, ni abêtir les femmes pour s'en faire aimer et les rendre fidèles, et que les bons procédés sont les plus sûrs moyens pour conserver leur cœur. Mais je vois éclater comme des axiomes, tout le long de ces deux pièces, que la tromperie, l'inconstance, la vanité, le caprice, sont l'essence même de la femme ; que les plus innocentes en fait de ruse rendraient des points aux hommes les plus roués ; qu'il n'existe en réalité aucun moyen de se mettre à l'abri des calamités qu'elles occasionnent. » Cette dernière phrase renferme des erreurs qu'il est facile de démontrer. Dans ces deux pièces, il ne ressort nullement que la tromperie, l'inconstance, la vanité, le caprice, soient l'essence de la femme. Il ressort seulement que si l'on veut s'attacher la femme, il faut la prendre par de bons procédés, et que si on la tyrannise par des procédés indignes, elle se défendra par la ruse, la seule arme que sa faiblesse naturelle lui permette de manier, ce qui n'est que justice. Contre la force de l'homme elle emploiera la ruse, et contre l'abus de la force elle emploiera l'abus de la ruse pour se soustraire au malheur qui la menace.

> « Cet animal est fort méchant :
> quand on l'attaque, il se défend. » (La Fontaine.)

Agnès et Isabelle, en trompant leurs tuteurs pour éviter l'esclavage qu'ils veulent leur faire subir une fois mariés avec elles, se trouvent dans un cas de légitime défense ; leur conduite ne peut pas être qualifiée de perverse, et Molière l'a caractérisée avec justesse au point de vue moral, lorsqu'il fait dire à Léonor en parlant d'Isabelle :

> « Je ne sais si ce trait doit se faire estimer,
> mais je sais bien qu'au moins je ne puis le blâmer. »

Les deux *Écoles* ne veulent point démontrer qu'il n'existe aucun moyen de se mettre à l'abri des calamités du mariage, puisque le moyen efficace pour cela, les procédés affectueux, s'y trouvent parfaitement indiqués. Arnolphe, tyran déçu de ses folles espérances, peut bien, dans la colère qui l'anime contre Agnès, anathématiser toutes les femmes en ces termes :

> « Tout le monde connaît leur imperfection,
> ce n'est qu'extravagance et qu'indiscrétion ;
> leur esprit est méchant et leur âme fragile ;
> il n'est rien de plus faible et de plus imbécile,
> rien de plus infidèle............. »

Mais qui dit cela ? C'est l'insensé dont Molière a fait ressortir la folie pendant toute la pièce. Arnolphe, à son propre point de vue, ne peut pas dire autre chose. Dans la fureur jalouse qui l'anime, il ne peut sortir de sa bouche que des erreurs et des extravagances ; et en effet, Agnès, à qui s'adresse surtout cette accusation, n'est ni méchante, ni fragile, ni extravagante, ni infidèle, puisqu'elle n'a jamais aimé son tuteur, et surtout elle n'est point imbécile. Ignorante, il est vrai, de tout ce qui s'apprend intellectuellement, elle possède au suprême degré la science innée et instinctive que donnent les sentiments, les instincts du cœur, science que ne donnent ni l'intelligence la plus vaste ni l'instruction la plus étendue. Avec cette science, la jeune Agnès donne à Arnolphe une excellente leçon en lui disant que, pour être aimé, il faut se faire aimer. Après avoir cité le passage où Arnolphe essaye trop tard de conquérir l'affection d'Agnès par des paroles amoureuses, M. de Laprade ajoute : « Tout cela est dans la vérité, dans la nature, et point de main de maître ; mais c'est une nature laide, affligeante, dont le spectacle déprave. La femme est un être fatalement vicieux ; l'homme, fatalement faible, se soumet à elle en la méprisant. Voilà la doctrine de Molière telle qu'elle ressort de ces pièces. » Cette appréciation ne laisse pas que de paraître fort étrange. Déduire de ces comédies que la femme est fatalement vicieuse, c'est lui faire un crime de se défendre contre un tyran détestable qui prétend la traiter indignement. En outre, de ce que Molière fait dire à un insensé, qualifié de fou, qu'il méprise la femme, tout en cherchant à la subjuguer par une feinte soumission, n'ayant pu y parvenir par la force, peut-on en déduire que telle est la doctrine de Molière à l'égard de l'homme vis-à-vis de la femme ? Non, c'est seulement la doctrine de Molière à l'égard de la folie, doctrine dans laquelle il représente celle-ci comme laide et affligeante en effet, comme faisant constamment fausse route, comme incapable d'aboutir à quelque chose de bien, comme manquant toujours son but ; enfin comme un exemple à fuir, spectacle qui loin d'être dépravant est au contraire salutaire et moral.

LA CRITIQUE DE L'ÉCOLE DES FEMMES.

Cette pièce renferme deux enseignements psychologiques importants. Le premier est exprimé en ces termes par Dorante :

« Il n'est pas incompatible qu'une personne soit ridicule en certaines choses et honnête en d'autres. »

Cette vérité est tellement conforme aux faits, que son énonciation semble une banalité. Et cependant le principe psychologique sur lequel il est basé est considéré comme erroné par la plupart des philosophes, ceux-ci regardant la raison comme étant une faculté particulière qui existe ou qui n'existe pas. Il n'y a pas, ai-je démontré dans l'Introduction, de faculté de ce nom. La raison qui inspire de sages règles de conduite, des appréciations justes, des jugements sains, tire sa source de chacun de nos sentiments moraux ; or, comme ces sentiments sont indépendants les uns des autres, comme les uns peuvent être faibles ou peuvent même complètement manquer, alors que d'autres sont suffisamment développés, il s'ensuit que nous devenons ridicules, déraisonnables dans les circonstances où, en présence des inspirations de nos mauvais instincts, les bons, qui leur sont directement opposés et qui devraient nous éclairer, font défaut ; il s'ensuit également que, malgré cette déraison partielle, nous sommes raisonnables dans les cas où les sentiments moraux que nous possédons nous inspirent et nous guident. Cette théorie, fort simple et tout à fait naturelle, explique complètement la folie et la raison partielles pouvant exister simultanément chez le même individu sur des objets différents.

Le second enseignement psychologique, c'est que : Rien n'a autant de puissance sur l'esprit comme sa manière de sentir, comme les passions qui le dominent et tout ce qu'elles inspirent. Molière démontre, dans cette pièce, que les opinions qui prennent leur source dans les passions qui dominent l'homme ne sont point modifiées par la discussion, et que celle-ci, loin d'ébranler les opinions qui s'y heurtent, ne fait que les raffermir dans l'esprit de ceux qui les professent, parce qu'elle avive les passions sur lesquelles ces opinions sont basées. Pendant la discussion, chaque adversaire trouve excellentes et sans réplique, soit de simples affirmations énoncées sans preuve aucune, soit des considérations fournies en faveur de son opinion par ceux qui la partagent, alors même que ces considérations sont sans fondement, absurdes et ridicules ; et par contre, chaque adversaire aussi trouve mauvaises et sans valeur les meilleures raisons que son contradic-

teur apporte comme preuves à l'appui de sa manière de
voir, ce que Molière a si bien rendu dans le vers suivant
emprunté à la comédie des *Femmes savantes*, et qui a
passé en proverbe :

« Nul n'aura de l'esprit hors nous et nos amis. » —

Après ces discussions passionnées, chaque adversaire
reste de son avis :

« On disputera fort et ferme de part et d'autre (comme dit
Dorante à la fin de la pièce), sans que personne se rende.»

Il n'y a que les auditeurs qui ne sont pas particulière-
ment intéressés par quelque passion sur l'objet en litige,
qui peuvent tirer parti de la discussion pour s'éclairer et
juger sainement. Et encore n'en ont-ils la possibilité que
si les adversaires passionnés ne dénaturent pas en leur
faveur les faits sur lesquels ils s'appuient et les faits qu'ils
combattent. Quant à ces adversaires, chacun d'eux se
retire de la lice satisfait de lui-même, emportant la conviction d'avoir seul défendu la vérité, et accusant le parti
adverse de mauvaise foi parce qu'il ne s'est pas rendu.
Mais il n'y a pas de mauvaise foi où se trouve une conviction, même produite par l'aveuglement de l'esprit par les
passions.

Toutes ces vérités psychologiques sont exposées avec
beaucoup d'art dans cette pièce. Uranie proposant à ses
camarades de mettre leur discussion en comédie, chacun
des personnages qui vient de soutenir une opinion diffé-
rente sur *l'École des Femmes* est tellement persuadé que
sa manière de voir est la seule vraie, qu'il consent avec

plaisir à venir l'exposer au public, persuadé que celui-ci lui donnera raison.

LE MARIAGE FORCÉ.

L'homme, vient-il d'être démontré, est tellement entiché des idées que lui ont suggéré les sentiments et les passions qui le dominent, il les croit si raisonnables, qu'il ne doute pas qu'en les exposant on ne les approuve. Aussi, quand il demande un conseil sur la manière de voir que lui ont imposée ses sentiments et ses passions, c'est simplement une approbation qu'il sollicite, parce qu'il est persuadé qu'on ne peut que louer ses vues. De plus, ce passionné est tellement imbu de l'excellence des résolutions qu'il a prises d'avance que, si les conseils qu'on lui donne sont opposés à ses pensées, il les déclare absurdes et ridicules. Il lui arrive même d'injurier la personne qui a agi franchement à son égard. Telle est la démonstration que Molière s'est proposé de donner dans la première scène du *Mariage forcé*.

Si, dans cette comédie, il nous montre l'état psychique des demandeurs de conseils, dans *l'Amour médecin* il expose l'état psychique de ceux qui les donnent. L'intérêt personnel domine tellement l'esprit humain que, dans les circonstances où l'action paraîtrait devoir être la plus désintéressée, dans celle qui consiste à donner des conseils qui nous sont demandés sur des objets qui ne nous concernent point, ces conseils sont néanmoins presque toujours inspirés par notre propre intérêt et non par celui de la personne qui demande à être éclairée. Aux conseils qu'on lui a donnés, d'après sa demande, sur les moyens à prendre pour faire cesser la mélancolie de sa fille, Sganarelle répond :

« Tous ces conseils sont admirables assurément ; mais je les tiens pour un peu intéressés et trouve que vous me conseillez fort bien pour vous. Vous êtes orfèvre, M. Josse, et votre conseil sent son homme qui a envie de se défaire de sa marchandise. Celui que vous aimez, ma voisine, a, dit-on, quelque inclination pour ma fille, et vous ne seriez pas fâchée de la voir la femme d'un autre. Et quant à vous, ma chère nièce, le conseil que vous me donnez de la faire religieuse est d'une femme qui pourrait bien souhaiter charitablement d'être mon héritière universelle. »

Dorimène, du *Mariage forcé*, présente une variété de ces caractères mal conformés originellement qui appartiennent aux monstruosités morales dont Molière va bientôt nous entretenir d'une façon magistrale dans *Don Juan*. Quelques paroles prononcées par cette personne montrent de suite chez elle l'existence de la perversité la plus grande alliée à l'insensibilité morale la plus complète. Sans retenue et sans honte, elle dévoile à son amant la conduite odieuse qu'elle se propose de tenir à l'égard de Sganarelle après qu'elle l'aura épousé, considérant cette conduite comme tout à fait naturelle, par la raison qu'elle n'en sent pas l'immoralité.

« Ce mariage (dit-elle à Lycaste son amant) ne doit point vous inquiéter ; c'est un homme que je n'épouse point par amour, et sa seule richesse me fait résoudre à l'accepter.

Je n'ai point de bien, vous n'en avez point aussi, et vous savez que sans cela on passe mal le temps au monde, et, *qu'à quel prix que ce soit*, il faut tâcher d'en avoir. J'ai embrassé cette occasion de me mettre à mon aise, et je l'ai fait sur l'espérance de me voir bientôt délivrée du barbon que je prends. Je vous le garantis défunt tout au plus dans six mois et je n'aurai pas longuement à demander pour moi au ciel l'heureux état de veuve. »

Tel est le langage cynique que l'on rencontre chez les personnes qui, sous l'influence d'une anomalie morale semblable, commettent les actes les plus odieux pour satisfaire leurs mauvais instincts, sans même que leurs désirs soient impérieux, sans éprouver parfois autre chose que de simples fantaisies. C'est naïvement, gaiement même et en priant le ciel d'être favorable à ses projets, ce que font également certains criminels, que Dorimène prononce ces sinistres paroles, qui glacent d'horreur tout homme moralement bien doué.

Le caractère d'Angélique, dans *George Dandin*, appartient également à la tératologie morale féminine. Surprise en faute par son époux, cette personne n'éprouve qu'un seul regret, celui d'encourir une punition. Mais de sa conduite elle n'a ni honte ni remords, si bien qu'elle la continuera si elle en trouve la possibilité. Dans l'espoir d'obtenir le pardon de son mari et d'éviter le courroux de ses parents, elle se livre à des protestations hypocrites de repentir que l'on prendrait facilement pour sincères, tant elles sont grimacées avec habileté. Mais dès que par son adresse elle a trouvé le moyen de paraître innocente aux yeux du monde, elle prouve qu'elle n'a point changé. Avec effronterie, elle profère les accusations les plus fausses et les plus odieuses contre Dandin, à qui un instant auparavant et dans un but intéressé elle demandait pardon dans les termes les plus humbles et les plus touchants. Elle le fait passer pour un libertin, pour un être insupportable avec lequel il lui est impossible de vivre. Ce caractère est malheureusement d'une vérité accomplie : c'est celui de tous les grands criminels. Leurs paroles de repentir, quand toutefois ils en prononcent, ne sont qu'un jeu pour intéresser en leur faveur, ou bien elles n'expriment que le regret de subir des châtiments, et non pas le remords de leurs crimes.

DON JUAN.

La comédie de *Don Juan* mérite une étude sérieuse de la part du psychologue, car elle renferme une savante exposition de l'anomalie morale qui fait le criminel, anomalie constituée par la perversité des instincts alliée à l'absence de sentiments moraux. L'idée première de cette comédie n'est pas, il est vrai, de Molière, mais les détails psychologiques qu'elle contient lui appartiennent, et ce sont ces détails remarquables qu'il importe de faire ressortir ici.

La première esquisse du caractère de Don Juan est exposée par Sganarelle, son valet. Celui-ci s'applique surtout à mettre en évidence l'absence de tout bon sentiment chez son maître, c'est-à-dire son insensibilité morale. Il le représente comme ne sentant dans sa conscience aucun précepte du bien, comme inaccessible à la crainte des punitions et à tous les bons sentiments, passant sa vie en bête brute au point de vue moral, bien qu'il soit très intelligent. Il le caractérise avec exactitude en disant que, dès qu'il lui vient un désir de faire le mal, rien dans sa conscience ne le détourne de l'accomplir. La seconde esquisse de ce caractère est tracée par Don Juan lui-même. Et c'est encore le cachet spécial du criminel, l'insensibilité morale, que Molière a la sagacité de faire ressortir dans ce récit. Avec le plus grand sang-froid, avec le cynisme et même la naïveté qui résultent de l'absence de tout sentiment qui inspire de la réprobation et de la répulsion devant un désir criminel, il soutient que c'est se piquer d'un faux honneur que d'être fidèle, que la constance est un ridicule, et *qu'il n'est rien qui puisse arrêter l'impétuosité de ses désirs.* Si sa position de fortune ne lui permettait pas de satisfaire toutes ses passions, il soutiendrait de même que c'est un contre-sens que de ne pas se procurer de l'argent par le meurtre. Puis, lorsque son valet lui fait de sages remontrances, il se moque de lui en le qualifiant de : maître sot, et il lui impose silence.

L'absence de tout sentiment rationnel, de ceux même qui inspirent l'intérêt bien entendu, est la cause que les individus qui sont aptes à devenir criminels sont insensibles aux châtiments, alors que ces châtiments n'apparaissent que dans le lointain. La satisfaction du désir...

actuel les absorbe au point que toute leur intelligence fonctionne uniquement pour satisfaire ce désir. Voici comment Molière a signalé cette malheureuse disposition d'esprit, si générale chez tous les grands criminels :

« Ah ! (dit don Juan à Sganarelle qui lui rappelle les châtiments qu'il ne manquera pas de s'attirer) n'allons point songer au mal qui peut nous arriver, et songeons seulement à ce qui peut nous donner du plaisir. »

Voilà exactement ce que pensent tous les grands criminels. On croit généralement que, s'ils ne sont point troublés et poursuivis par le remords, c'est volontairement en cherchant à s'étourdir. Cette appréciation résulte d'une erreur psychologique. Qu'on lise *Don Juan*, ainsi que l'histoire des criminels, dans les journaux judiciaires, et l'on s'apercevra de suite que ces malheureux ne cherchent point à s'étourdir ; l'on verra que, s'ils ne songent point au mal qu'ils commettent, c'est parce que leur conscience, moralement idiote, ne leur reproche rien. Les poètes diront avec Chateaubriand : « Le tigre déchire sa proie et dort ; l'homme devient homicide et veille ». Molière n'a point commis une pareille erreur : il montre Don Juan et tous les pervers qu'il a représentés, comme étant dans un état parfait de tranquillité morale dans le crime.

Après avoir mis en évidence l'insensibilité de ce personnage, le manque absolu chez lui de tout sentiment moral, il expose sa perversité, c'est-à-dire les instincts qui le portent au mal. En général, les criminels commettent le crime, non parce qu'ils trouvent du plaisir

à faire le mal comme mal, mais pour satisfaire quelqu'une des passions naturelles à l'humanité : tantôt c'est
la convoitise du bien d'autrui excitée par les besoins
matériels de la vie et le désir des jouissances, convoitise
toujours alliée à une répugnance extrême pour la vie
laborieuse, régulière et honnête ; tantôt c'est quelque
passion violente, telle que la haine, la jalousie, la vengeance. Mais il y a un excès de perversité qui trouve sa
satisfaction dans le mal lui-même. Le mal devient alors
pour ces monstres de l'ordre moral un besoin du cœur,
de même que le bien à accomplir est également un besoin pour les personnes supérieurement douées du côté
des sentiments. Don Juan va nous offrir un exemple de
cet excès de perversité. Voici ce qu'il éprouve à la vue
de deux jeunes fiancés :

« Jamais (dit-il) je n'ai vu deux personnes être si conten-
tes l'une de l'autre et faire éclater tant d'amour. La tendresse
visible de leurs mutuelles ardeurs me donna de l'émotion ;
j'en fus frappé au cœur, et mon amour commença par la
jalousie. Oui, je ne pus souffrir de les voir si bien ensemble,
le dépit alluma mes désirs, et *je me figurai un plaisir extrême
à pouvoir troubler leur intelligence et rompre cet attachement
dont la délicatesse de mon cœur se tenait offensée.* »

Quelle admirable peinture de la peine causée par le
bonheur d'autrui et de la jouissance causée par le mal,
non pas tant pour en tirer profit que pour le mal lui-
même ! De même que les sentiments moraux ont leur
délicatesse, Molière, à qui rien de ce que renferme le
cœur humain ne reste inconnu, nous apprend que les

sentiments pervers ont aussi leur délicatesse, ou plutôt
leur raffinement. Si la délicatesse des premiers est blessée par le mal, le raffinement des seconds l'est par le
bien. Non seulement Don Juan éprouve du plaisir à faire
le mal, mais encore il éprouve une jouissance à faire
commettre le mal par autrui, pour le méchant plaisir de
le lui voir commettre. Ainsi, à un pauvre qui lui demande l'aumône, il promet une pièce d'or pourvu qu'il
blasphème. Le pauvre refuse ; néanmoins Don Juan lui
en fait présent :

« Va, lui dit-il, je te la donne au nom de l'humanité. »

Dans la bouche d'un tel homme, cette phrase est une
pure dérision, car, ennemi de l'humanité, il la foule
continuellement aux pieds par ses actes. L'offrande, de sa
part, de la pièce d'or est un exemple d'une de ces prodi-
galités imbéciles que l'on rencontre si souvent chez les
criminels. Imprévoyants à l'excès et dominés par le caprice
du moment, ils gaspillent en peu de jours, en quelques
instants même, le produit du crime. Don Juan, accablé
de dettes qu'il ne paye pas, prodigue son or pour satisfaire une fantaisie.

Dona Elvire, abandonnée par Don Juan, son époux,
poursuit celui-ci pour tâcher de l'amener à une vie régulière. La douleur et les tendres protestations de cette
jeune femme ne le touchent point, mais ce pervers est
sensible à une circonstance qui blesse sa vanité :

« Est-elle folle, dit-il, de n'avoir pas changé d'habit et de
venir en ce lieu-ci avec son équipage de campagne ! »

Ce trait de caractère qui paraît une futilité est cependant admirablement trouvé. La vue de cette personne si affectueuse et dont il cause le malheur ne saurait l'attendrir, puisqu'il est dénué de tous les sentiments humains ; mais elle devient une circonstance qui met en relief un côté de ses mauvais instincts. Loin d'être humble, au moins par convenance, devant sa femme et d'éprouver en sa présence quelque peine et quelque embarras, il jouit de la malheureuse situation où elle se trouve, il prend même un plaisir infernal à la bafouer en donnant pour prétexte de l'abandon dans lequel il la laisse, un motif qui n'est qu'une insigne moquerie :

« Il m'est venu des scrupules (lui dit-il) ; j'ai ouvert les yeux de l'âme sur ce que je faisais. J'ai fait réflexion que pour vous épouser je vous ai dérobée à la clôture d'un couvent, que vous avez rompu des vœux qui vous engageaient autre part, et que le ciel est fort jaloux de ces sortes de choses. Le repentir m'a pris et j'ai craint le courroux céleste. »

Par ces paroles, Don Juan ne cherche pas à tromper Elvire ; elle comprend parfaitement qu'il se moque d'elle et qu'il tourne en ridicule ses croyances religieuses. Le caractère de Don Juan étant donné, toutes les paroles qu'il prononce dans cette scène sont on ne peut mieux adaptées à ce caractère.

La plupart des phrases qui sortent de la plume de Molière méritent l'attention du lecteur, car elles expriment le plus souvent quelque vérité psychologique :

« Mon Dieu (dit la paysanne Charlotte à don Juan), je ne sais si vous dites vrai ou non ; mais vous faites que l'on vous croit. »

Or, qu'a fait pour cela le séducteur ? Il a flatté deux passions puissantes du cœur humain : l'orgueil et la vanité. La promesse que Don Juan vient de faire à Charlotte de l'épouser, excite tellement ces deux passions dans le cœur de cette jeune fille, qu'elles la dominent entièrement. Elle oublie la foi jurée à son fiancé, elle le voit battre par Don Juan sans prendre son parti, elle veut même que Pierrot soit bien aise de la voir devenir grande dame ; et comme celui-ci est outré de cette conduite, elle cherche à l'apaiser en le prenant par l'intérêt, en lui promettant de lui faire gagner quelque chose quand elle sera riche. Sa vanité l'aveugle tellement, qu'elle reste étonnée que son fiancé ne se rende pas à ces raisons. Cette remarquable peinture du jeu des passions fait comprendre la facilité avec laquelle elles s'emparent de l'esprit en y étouffant momentanément tous les sentiments moraux, en ravissant ainsi à l'homme le bon sens et la raison.

Une des thèses psychologiques que Molière se plaît à soutenir sur la scène est le principe qui attribue la raison morale aux bons instincts, aux sentiments moraux, au bon sens, et non aux facultés intellectuelles ainsi qu'aux connaissances qu'elles procurent. Il y revient dans le passage suivant :

« Il faut avouer (dit Sganarelle à Don Juan) qu'il se met d'étranges folies dans la tête des hommes, et que, pour avoir bien étudié, on est moins sage le plus souvent. Pour moi, Monsieur, je n'ai point étudié comme vous, et personne ne saurait se vanter de m'avoir jamais rien appris ; mais, avec mon petit sens, mon petit jugement (les instincts rationnels, les bons sentiments), je vois les choses mieux que tous les livres. »

Je recommande ces lignes à l'attention des philosophes et de ceux qui pensent qu'en favorisant l'instruction dans les masses on aura par cela seul répandu la sagesse parmi elles. Pour atteindre ce but, le plus important en vue de leur bonheur sans contredit, favorisez l'éducation morale par la culture des bons sentiments, du bon sens, leur dirai-je ; combattez énergiquement les causes de perversion qui pressent le peuple de toute part. Songez davantage, en un mot, aux instincts moraux.

L'absence de crainte et cette disposition d'esprit issue de l'insensibilité morale par laquelle les criminels cèdent instantanément aux impulsions qui surgissent en eux, les rendent aptes à courir les aventures les plus périlleuses, sans tenir compte du danger. Telle est la cause qui pousse Don Juan à secourir Don Carlos alors que celui-ci est attaqué par des brigands. Toujours dominé par l'impulsion du moment présent, il la suit immédiatement, quelle qu'elle soit. Il affirme en lui cette disposition d'esprit par les paroles suivantes qu'il adresse à Sganarelle :

« Je te l'ai dit vingt fois, j'ai une pente naturelle à me laisser aller à tout ce qui m'attire. »

S'il en est ainsi, c'est parce qu'aucun sentiment moral, et pas même le sentiment de l'intérêt bien entendu, ne combat et ne repousse les penchants, les désirs qui surgissent en lui. Telle est la cause de cette hardiesse excessive que l'on rencontre chez la plupart des grands criminels.

C'est surtout en présence de Don Louis, son père, que Don Juan montre toute son insensibilité morale. Les considérations les plus élevées, les plus capables d'exciter les sentiments moraux, quelque faibles qu'ils soient, lorsque toutefois ils existent dans le cœur de l'homme, sont invoquées par ce père infortuné. En lisant cette remontrance si noble et si pathétique, on éprouve le besoin de s'incliner devant le génie de Molière, aussi apte à rendre le plus beau côté de l'humanité que son côté le plus hideux. Mais ces considérations ne pouvaient pas exciter chez Don Juan des sentiments qui n'existaient pas même en germe, et nous allons voir avec quelle vérité Molière a su exprimer cet excès d'insensibilité. Toutes ces considérations élevées ne font que provoquer chez Don Juan une réponse ironique plus révoltante que l'injure et l'outrage :

« Monsieur (dit-il), si vous étiez assis, vous seriez mieux pour parler. »

Ces paroles sont tellement bien adaptées au caractère du monstre qui les prononce, qu'elles ont été reproduites presque textuellement et dans les mêmes conditions, de notre temps, par un esprit à peu près semblable, par Dumollard, un criminel dont le nom est universellement connu. Aux exhortations religieuses et morales qui lui étaient adressées par l'aumônier de la prison, il se prit à répondre ironiquement :

« Mais couvrez-vous donc, Monsieur l'abbé, le temps est froid et humide ; vous vous enrhumerez. »

C'est tout ce qu'il sut dire. Enfin, comme dernier trait caractéristique, Don Juan se hâte d'ajouter dès que son père est sorti :

« Hé ! mourez le plus tôt que vous pourrez, c'est le meilleur que vous puissiez faire. Il faut que chacun ait son tour, et j'enrage de voir des pères qui vivent autant que leur fils. »

Voilà bien la pensée qui conduit au parricide tant d'enfants dénaturés, c'est-à-dire dénués de tous les sentiments naturels. Obsédés par le désir de jouir au plus tôt de la fortune de leurs parents, ils accomplissent leur projet monstrueux parce qu'aucun sentiment moral ne les en détourne, parce que le désir de posséder étouffe même en eux la crainte des châtiments.

La même ironie insultante se rencontre chez Don Juan à l'occasion des derniers conseils pleins de tendresse qu'Elvire vient lui donner. Après les avoir impassiblement écoutés, il dit à Sganarelle :

« Tu pleures, je pense ! »

Il faut être Molière pour trouver des traits de caractère de cette force. Cependant les larmes d'Elvire, ses supplications dictées par l'affection la plus pure, ont excité quelque chose dans le cœur de Don Juan ; mais ce n'est ni la reconnaissance, ni la pitié, ni le remords, ni aucun regret quelconque ; ce ne peut être, en réalité, aucun bon sentiment puisque la nature l'en a privé ; ce quelque chose est un de ses mauvais penchants, la lubricité.

«Sais-tu, dit Don Juan à son valet, que j'ai ressenti quelque peu d'émotion pour elle, que j'ai trouvé de l'agrément dans cette nouveauté bizarre, et que son habit négligé, son air languissant et ses larmes, ont réveillé en moi quelques petits restes d'un feu éteint. »

Être porté à croire ce qu'on désire, est une manifestation du besoin de satisfaction qui est inhérent à tous nos éléments instinctifs. Or cette manifestation est une cause d'erreur des plus fréquentes et contre laquelle il est bon de se tenir en garde. Don Juan s'étant fait hypocrite afin d'échapper aux poursuites dont il est l'objet, et affectant publiquement une conversion, Don Louis, qui la désire ardemment, la croit réelle et vient en féliciter chaleureusement son fils. Sganarelle, imbu du même désir, a aussi la simplicité d'ajouter foi à cette conversion. Mais lorsqu'il témoigne à Don Juan tout le plaisir qu'il en éprouve, cet incorrigible se hâte de le désabuser:

« Non, non ! je n'ai point changé (dit-il), mes sentiments sont toujours les mêmes..... Si j'ai dit que je voulais corriger ma conduite et me jeter dans un train de vie exemplaire, c'est un dessein que j'ai formé par pure politique, un stratagème utile, une grimace nécessaire où je veux me contraindre pour ménager un père dont j'ai besoin, et me mettre à couvert, du côté des hommes, de cent fâcheuses aventures qui pourraient m'arriver. »

La nature instinctive des hommes ne change pas plus que la nature instinctive des animaux, et lorsque les instincts des premiers sont bizarres ou pervers, toutes les ressources de leur intelligence ne leur donnent point la raison, le bon sens ; loin de là, l'intelligence ne fonctionne alors qu'au profit de la bizarrerie ou de la perversité, ne fait que rendre celles-ci intelligentes et fécondes par conséquent en projets insensés et dangereux. Pour opérer une modification dans la nature instinctive de l'homme, ce qui est loin d'être toujours possible, il faut avoir recours à une longue éducation qui vise à exciter les bons sentiments et à apaiser, à affaiblir les mauvais ; aussi ne peut-on espérer un succès que si l'individu possède à quelque degré les germes des premiers. Les sentiments moraux ne s'improvisent point dans la conscience, et un Don Juan repentant, de même que les grands criminels de sang-froid poursuivis par le remords véritable, sont des conceptions idéales, poétiques, qui ne se rencontrent pas dans la nature. Molière était un observateur trop judicieux et un psychologue trop savant pour se tromper à cet égard. Partout où il a mis en scène des personnages essentiellement pervers, il n'a jamais manqué de faire ressortir leur incorrigibilité par absence de sentiments moraux, et par conséquent de remords après les actes pervers. Il exprime nettement ce fait dans ces vers qui appartiennent à l'*Étourdi* :

> « Mascarille est un fourbe et fourbe fourbissime
> *sur qui ne peuvent rien la crainte et le remords,*
> et qui pour ses desseins a d'étranges ressorts. »

Rien n'a échappé à Molière de ce qui touche de près ou de loin à l'état moral des criminels. Il signale chez ce valet fripon une particularité de leur caractère : je veux parler de l'honneur qu'ils s'attribuent de leurs méfaits. Mascarille, découragé, par les étourderies de Lélie, de lui venir en aide, continue cependant à le servir pour soutenir sa réputation de maître expert en actes immoraux :

« Et que deviendra lors cette estime publique (se dit-il)
qui te vante partout pour un fourbe sublime,
et que tu t'es acquise, en tant d'occasions,
à ne t'être jamais vu court d'inventions ?
L'honneur, ô Mascarille ! est une belle chose ;
à tes nobles travaux ne fais aucune pause,
et, quoi qu'un maître ait fait pour te faire enrager,
achève pour la gloire et non pour l'obliger. »

Par ces paroles, Molière démontre que ce qu'on nomme l'honneur, pas plus que le plaisir et le bonheur, ne gît dans un objet unique et même dans un objet moral ; il démontre que chacun place son honneur à soutenir les inspirations que font naître en lui les sentiments et les passions qui prédominent dans son caractère. Cette maxime psychologique se trouve également exprimée par la forfanterie dans le crime dans *les Fourberies de Scapin*. Ce valet, qui est de la même trempe que Mascarille, après avoir gourmandé Sylvestre d'être si fort entrepris pour tirer son maître d'embarras, s'écrie :

« ... Je voudrais bien que l'on m'eût donné autrefois nos vieillards à duper : je les aurais joués tous deux par dessous la jambe ; et je n'étais pas plus grand que cela, que je me signalais par cent tours d'adresse fort jolis. »

Cette gloriole tirée des actes criminels, et qui est l'opposé du remords, a été reproduite dans le dialogue suivant emprunté à *M. de Pourceaugnac* :

NÉRINE (présentant Sbrigani à Julie).

« Madame, voilà un illustre. Votre affaire ne peut être mise

en de meilleures mains, et c'est le héros de notre siècle pour
les exploits dont il s'agit ; un homme qui vingt fois en sa vie,
pour servir ses amis, a généreusement affronté les galères, et
qui est exilé de son pays pour je ne sais combien d'actions
honorables qu'il a entreprises.

SBRIGANI.

« Je suis confus des louanges dont vous m'honorez, et je
pourrais vous en donner avec plus de justice sur les mer-
veilles de votre vie, et principalement sur la gloire que vous
acquîtes lorsque vous pipâtes au jeu, pour douze mille écus, ce
jeune seigneur que l'on mena chez vous. »

Cette citation, qui semble de prime-abord n'être qu'une
plaisanterie, est malheureusement l'expression d'une vérité. Dans cette circonstance comme dans tant d'autres,
on peut apprécier combien est vraie la réflexion suivante
que Boileau a exprimée dans une pièce de vers qu'il
adressa à Molière à l'occasion de *l'École des Femmes* :

> . . . .
> « et tes plus burlesques paroles
> sont souvent un docte sermon. »

Le peu d'influence, signalé plus haut, que les châtiments vus de loin exercent sur les criminels, circonstance qui les exposent si facilement aux récidives, est
exprimé de nouveau par Scapin dans les termes suivants :

SCAPIN à SYLVESTRE.

« Va, nous partagerons les périls en frères ; et trois ans de
galère de plus ou de moins ne sont pas pour arrêter un noble
cœur. »

Et plus loin :

« Les périls ne m'ont jamais arrêté, et je hais ces esprits pusillanimes qui, *pour trop prévoir les suites*, n'osent rien entreprendre. »

Voilà bien ce que pense le criminel ou celui qui, par le fait de l'anomalie morale dont il est affecté, est apte à le devenir. Dans cette imprévoyance ainsi que dans l'absence de toute opposition morale à ses désirs, et non dans le vrai courage qui sent le danger, qui le redoute même, mais qui l'affronte par devoir, se trouve toute la cause de son audace. Enfin Molière résume toute l'anomalie morale qui produit le criminel dans les paroles suivantes, que Scapin prononce à l'occasion d'un fort mauvais sujet :

« C'est un de ces braves de profession qui ne parlent que d'échiner et qui ne se font pas plus de conscience de tuer un homme que de boire un verre de vin. »

Le caractère de Don Juan est tellement hideux qu'il a paru impossible à M. Jeannel, si bien qu'il le considère comme un type artistique, imaginaire, et non pas naturel ; il croit qu'il ne s'est jamais rencontré de débauché pareil à Don Juan. Quiconque s'est livré à l'étude des monstruosités morales, loin de partager cette opinion, est convaincu au contraire que Molière a dépeint ce personnage en savant toujours esclave de la réalité. Toutes les perversités et toutes les insensibilités morales que ce type a présentées se rencontrent chez l'homme. Quelque hideux que soit ce monstre, il s'en trouve de plus hideux encore. Si la nature humaine, hélas ! a des limites du côté du bien, il semble que du côté du mal elle n'a pas de bornes.

L'expérience prouve que de ce côté l'inimaginable même est possible. En étudiant l'exposition que Molière a donnée de la criminalité, avec ses principaux caractères, on reste convaincu qu'il a dû longuement réfléchir sur cette importante branche de la psychologie morbide, encore si peu répandue de nos jours.

Toute science réelle ne doit pas s'en tenir à la spéculation, elle doit s'affirmer par des conséquences pratiques qui se déduisent des connaissances qu'elle procure. Molière, il est vrai, ne s'est pas étendu sur le côté pratique de la science des infirmités morales, qu'il a si bien exposées ; il n'a fait que réclamer de l'indulgence pour ceux qui en sont affectés. Mais il est facile, sur ses propres données, d'aller plus loin, de déduire de cette science le traitement rationnel que la société devrait appliquer à ces êtres exceptionnels pour se garantir des dangers dont ils la menacent. Devant l'idiotie morale qui les rend incapables de lutter contre leurs mauvais instincts, le système actuel, qui vise exclusivement à punir et qui n'aboutit qu'à une aggravation dans leur état normal, devrait céder la place au système qui a pour but de modifier, s'il se peut, cet état par des procédés humains et surtout par une longue habitude d'un travail professionnel obligatoire qui leur permettra de vivre honnêtement une fois libérés. La société, qui devant eux se trouve dans un cas de légitime défense, ne devrait-elle pas les tenir séparés d'elle, non pendant un espace de temps fixé d'avance, mais tant qu'ils n'auront pas donné des preuves sérieuses par un changement complet dans leurs habitudes et par

l'adoption d'une vie laborieuse, qu'ils ne seront plus pour
elle un danger ? Ne devrait-elle pas surtout s'emparer,
avant qu'elle soit gravement blessée, des pervers si nombreux qui, par leurs désir du crime hautement et itéra-
tivement manifestés, prouvent qu'ils commettront indubitablement cet acte, plutôt que de les saisir seulement
quand le mal est accompli ? Mais pour pouvoir adopter
pleinement cette méthode rationnelle, que j'ai développée
ailleurs et qui se résume ainsi : Viser à se préserver des
criminels au lieu de viser à les punir [1], il faut être convaincu que la cause nécessaire du crime réside dans une
difformité morale naturelle et involontaire, difformité qui
a ses racines tellement profondes dans l'organisme qu'il
est très fréquent de la voir transmise par l'hérédité. Et
même, ces racines ont une parenté si proche avec les
germes organiques qui, par leur éclosion, produisent la
folie pathologique, que cette folie des parents se traduit
fort souvent par le crime chez leurs descendants. Au lieu
de se préoccuper si vivement de la responsabilité morale
de ces êtres moralement difformes, lorsqu'il s'agit de la
conduite à tenir à leur égard, la société devrait, pour
agir sagement, les prendre pour ce qu'ils sont et viser
uniquement à s'en préserver par tous les moyens rationnels, préventifs, et curatifs si c'est possible. Loin de
n'intéresser aucune science, ainsi qu'on l'a toujours
pensé, le criminel, à l'étude duquel Molière vient de
nous initier, appartient donc à deux sciences diffé-

---

[1] *De la folie étudiée au point de vue psychologique.*

rentes, à la psychologie et à la médecine. Ce n'est qu'au moyen de ces sources de lumière qu'on pourra traiter avec efficacité ces monstres de l'ordre moral.

LE MISANTHROPE.

Ce chef-d'œuvre, qui est plutôt une leçon de psychologie sur les effets naturels des passions qu'une comédie véritable, a pour but, non seulement de faire ressortir ces effets émanant de toute passion quelconque, mais surtout de mettre en évidence les effets naturels des passions dont l'origine a son point de départ dans les sentiments moraux les plus nobles et les plus élevés. L'exagération, qui est une véritable perversion, ternit et modifie tellement cette source pure et limpide, que ce qui était vertu devient passion dangereuse et souvent même des plus dangereuses. Ces passions d'origine morale s'appellent *fanatisme*. C'est donc du fanatisme que Molière va principalement nous entretenir dans cette œuvre célèbre. Or, comme cette passion offre autant de variétés que ce qu'il y a de sentiments moraux qui peuvent être exagérés et pervertis, afin d'offrir une description psychologique applicable à tous les genres de fanatismes, Molière a choisi pour son exposition celui du bien et du juste.

Alceste est animé des meilleurs sentiments ; mais, affligé d'une nature morale trop impressionnable, les vices de la société l'irritent. Ses bons sentiments, blessés et surexcités par ces vices, tombent dans l'exagération et deviennent des passions inconvenantes qui le rendent intolérant, intransigeant, et qui font surgir, ainsi que cela arrive chez tous les fanatiques blessés dans leurs sentiments exagérés et pervertis, la haine et la violence. Dans ces récriminations incessantes, Alceste a. souvent raison au fond ; mais, poussant tout à l'extrême, il gâte tout ce qu'il touche. La passion du bien le rend méchant et la passion de la justice le rend injuste.

Il adopte comme principe le *compelle intrare* ; il veut forcer ses contradicteurs à partager ses idées, et il emploie, pour y parvenir, une vivacité de langage qui heurte leurs sentiments. Aussi Molière a-t-il le soin de montrer le peu de succès qu'Alceste obtient avec de tels procédés. Aveuglé sur ses exagérations passionnées, il taxe d'impertinence les raisons au moyen desquelles le sage Philinte cherche à lui prouver qu'il a tort de se fâcher de ce que l'humanité est faite autrement qu'il ne la voudrait. Or, ne pas sentir ses extravagances et taxer de folie la saine raison qui les combat, n'est-ce pas le caractère psychologique de la folie elle-même ?

La première scène est consacrée à démontrer que lorsque des passions très accentuées dominent entièrement l'homme, elles lui imposent des opinions arrêtées, conformes aux tendances de ces passions, et que, si des personnes raisonnables cherchent à l'éclairer sur les erreurs et les exagérations dont il se nourrit, loin de se rendre à leurs justes observations, il ne fait que s'en irriter après avoir soutenu ses opinions avec toutes les ressources de son intelligence. Si, à bout de raisons, il ne trouve plus rien à répliquer, il ferme l'oreille aux conseils de la sagesse, qu'il est incapable d'apprécier ; il se livre contre ses adversaires à des paroles inconvenantes, injurieuses même, qu'il prend pour des raisons péremptoires, et il finit par s'écrier comme Alceste, quand on l'invite à la modération :

« Moi, je veux me fâcher et ne veux rien entendre. »

Lorsque l'on est dominé et aveuglé par une passion, on place l'intérêt de celle-ci bien au-dessus de son intérêt rationnel et véritable, parce que cette passion a plus de poids sur l'esprit que les sentiments qui inspirent l'intérêt bien entendu et les désirs raisonnables. Cet effet, si fréquemment observé chez les fanatiques, a été parfaitement rendu par Molière. Alceste, froissé par les vices de la société, est animé contre elle d'une haine tellement implacable qu'il désire voir surgir, de la part des hommes, des événements contraires à ses propres intérêts, parce que ces événements motiveront davantage et satisferont cette haine qui le domine. Ainsi, il désire perdre injustement un procès important afin de trouver dans l'arrêt qui le condamnerait un motif nouveau pour incriminer ses semblables et pour avoir le droit de déblatérer hautement contre eux :

« .... Je voudrais, m'en coûtât-il grand'chose,
pour la beauté du fait avoir perdu ma cause. »

Ce phénomène est si bizarre qu'il semblerait de prime-abord que Molière l'a singulièrement exagéré ; mais il n'en est rien. On peut même affirmer qu'il est constant dans la folie, tellement il est naturel à la domination de l'esprit par les passions. Les ennemis passionnés de telle ou telle forme de gouvernement établi n'ont-ils pas maintes fois exprimé le désir que des malheurs vinssent fondre sur la patrie, espérant voir le gouvernement de leur choix revenir à la suite de ces malheurs ?

A côté du fanatisme pour le bien et de la haine qui aveuglent Alceste et qui le rendent fou dès que ces passions occupent son esprit, Molière, afin de démontrer que les passions n'aveuglent pas toujours l'homme, a eu le talent de placer dans le cœur de son héros une autre passion accidentellement soulevée qui, bien que très puissante, n'a cependant pas le pouvoir de l'aveugler. Cette passion est l'amour que Célimène lui a inspiré. Aussi, tandis qu'il regarde tout ce que lui suggèrent les passions qui le dominent comme représentant la raison, le vrai, le bien, il considère comme une faiblesse l'amour que lui inspire cette dame. Il n'est point aveuglé sur ses défauts ; il les reconnaît :

> « Non, l'amour que je sens pour cette jeune veuve
> ne ferme point mes yeux aux défauts qu'on lui treuve ;
> et je suis, quelque ardeur qu'elle m'ait pu donner,
> le premier à les voir comme à les condamner. »

Ces deux états dans lesquels l'esprit peut se trouver sous l'influence des passions indiquent ce qui, sous cette influence, caractérise, soit la persistance de la raison, soit l'invasion de la folie. Molière nous montre encore, dans Alceste, que si les passions qui sont inhérentes au caractère et qui ne cessent d'aveugler l'homme sont à peu près incurables, celles qui sont accidentelles peuvent guérir, malgré leur puissance, lorsqu'elles ne produisent pas cet aveuglement. Si Alceste ne se délivre pas de son fanatisme qui cause sa misanthropie, il guérit de son amour pour Célimène.

Nous devons nous arrêter un instant sur cette lucidité d'Alceste à l'égard des défauts de Célimène. Cette lucidité prouve avec quelle exactitude Molière a décrit dans *le Misanthrope* le fanatisme du bien. Cette passion qui domine tout le moral d'Alceste l'oblige d'être vivement choqué par ce qu'il trouve de mal, partout où il le rencon· tre, même chez la personne dont il est épris. Un amoureux chez lequel la passion dominante est l'amour, ne s'apercevra pas des défauts de sa maîtresse, à moins que ces défauts ne blessent son amour. Il pourra même les prendre pour des qualités; il exaltera comme merveilleuses les circonstances les plus insignifiantes qu'il rencontre chez elle, ainsi que nous le verrons chez les deux amoureux des *Fourberies de Scapin*. Il ne devait pas en être ainsi chez le fanatique Alceste, et Molière n'a pas manqué de le faire ressortir.

La scène v de l'acte III, entre Arsinoé et Célimène, présente une admirable peinture de mœurs et une excellente leçon de psychologie. La coquetterie et la pruderie sont au fond le même défaut ; c'est l'âge qui opère la transformation de la première en la seconde. Les passions qui les produisent étant inhérentes au caractère des personnes qui les manifestent, et étant assez puissantes pour dominer ces personnes, celles-ci restent incorrigibles et considèrent leur conduite comme parfaitement raisonnable, ce qui ne les empêche point d'apprécier avec justesse tout ce que leur défaut a de répréhensible lorsqu'elles le rencontrent chez autrui. Arsinoé, qui est possédée par les passions qui engendrent la coquetterie et qui est devenue prude sous l'influence des années, dépeint avec vérité les défauts de Célimène ; mais elle ne voit point chez elle-même ces défauts, bien qu'ils soient fort saillants. Célimène, de son côté, qui ne s'aperçoit pas des passions semblables qui l'obsèdent, critique également avec exactitude les travers de son interlocutrice. En se disant chacune avec aigreur de dures vérités, loin d'y être sensibles et d'en tirer profit, elles ne font que s'irriter mutuellement, et, en fin de compte, chacune persiste à se croire seule sage et seule raisonnable. Dans cette scène, Molière prouve une fois de plus qu'en voulant réformer les vices par des attaques directes au moyen de paroles blessantes, on ne fait qu'irriter la personne que l'on cherche à éclairer, et que par ce moyen, au lieu d'améliorer son état moral, on l'aggrave.

ARSINOÉ.

« A quoi qu'en reprenant on soit assujétie,
je ne m'attendais pas à cette repartie,
madame, et je vois bien, par ce qu'elle a d'aigreur,
que mon sincère avis vous a blessée au cœur.

CÉLIMÈNE.

Au contraire, Madame ; et si l'on était sage,
ces avis mutuels seraient mis en usage.

On détruirait par là, traitant de bonne foi,
ce grand aveuglement que chacun a de soi. »

Si Célimène parle de l'aveuglement de chacun pour ses passions, il est certain que ce n'est pas à elle-même qu'elle l'applique, et que c'est uniquement à Arsinoé. Si elle reconnaissait les vérités que celle-ci lui a dites, elle ne montrerait pas tant d'aigreur dans ses reparties et elle tirerait profit de la leçon qu'elle a reçue. Mais, loin de là, Célimène croit avoir raison d'agir comme elle l'a fait, et elle continuera de même. En disant à Arsinoé que si l'on était sage il serait bon de se donner de mutuels avis pour s'éclairer, ce n'est point pour recevoir elle-même de ces avis dont elle ne croit pas avoir besoin, mais pour renouveler à son aise le malin plaisir de sermonner son adversaire et de la désobliger. Cette scène est aussi admirable au point de vue de la science du cœur qu'au point de vue littéraire.

L'inefficacité complète des moyens violents, et la puissance des bons procédés pour arriver au cœur de l'homme ainsi que pour l'amener à se comporter comme on le désire, principe sur lequel Molière insiste toujours, se trouvent encore plus spécialement mentionnées dans *le Malade imaginaire*. Nous y voyons d'abord Toinette froisser son maître par les remontrances qu'elle lui fait entendre sur ses manies ridicules. Elle l'irrite si fort par ce procédé qu'Argan est sur le point de la chasser. Mais, voulant servir Angélique auprès de son père, elle comprend la nécessité de changer de tactique :

« Laissez-moi faire (dit-elle à sa jeune maîtresse), j'em-
ploierai toute chose pour vous servir ; mais pour vous servir
avec plus d'effet, je veux changer de batterie, couvrir le zèle
que j'ai pour vous et feindre d'entrer dans les sentiments de
votre père et de votre belle-mère. »

Molière donne toujours aux passions qu'il expose leur
caractère réel. On ne saurait peindre avec plus de vérité
l'amour tel qu'il est dans l'humanité et les idées qu'il sug-
gère, que ce qu'il l'a fait dans la scène iii de l'acte IV
du *Misanthrope :*

ALCESTE, s'adressant à Célimène.

« Ah ! rien n'est comparable à mon amour extrême,
et dans l'ardeur qu'il a de se montrer à tous,
il va jusqu'à former des souhaits contre vous.
Oui, je voudrais qu'aucun ne vous trouvât aimable,
que vous fussiez réduite en un sort misérable ;
que le ciel en naissant ne vous eût donné rien ;
que vous n'eussiez ni rang, ni naissance, ni bien,
afin que de mon cœur l'éclatant sacrifice
vous fît, d'un pareil sort, réparer l'injustice ;
et que j'eusse la joie et la gloire en ce jour
de vous voir tenir tout des mains de mon amour. »

Voilà bien le véritable caractère égoïste de l'amour
avec ses transports intéressés, suggérant les vœux les
plus inhumains contre l'objet aimé, afin de le posséder
et de le retenir enchaîné par la reconnaissance. Les
poètes qui ont fait de l'amour une passion généreuse,
sublime, ont créé de toute pièce un amour surhumain,
un amour de fantaisie qui n'existe pas.

L'amour, basé sur un sentiment et sur un besoin

physique institués en faveur de la propagation de l'espèce, aspire, comme tout ce qui est instinctif et besoin, à une satisfaction. De plus, la nature ayant créé impérieuse cette satisfaction, l'amour devait être essentiellement égoïste. Si l'on veut trouver des exemples d'une affection réellement généreuse, atteignant les régions élevées du dévouement désintéressé, c'est dans l'amitié qu'il faut les chercher. Molière nous donnera dans *Amphitryon* une nouvelle démonstration du caractère essentiellement égoïste de l'amour.

Ce n'est point sous l'inspiration d'une simple boutade momentanée que nous avons vu Alceste, sous l'influence de sa haine contre l'humanité, désirer perdre son procès en vue de l'intérêt de cette passion. Son procès a été perdu, et il se félicite de ce résultat. Voici comment Molière fait parler la passion qui domine le fanatique. Les grands tragiques n'ont pas mieux réussi :

ALCESTE.

« Quelque sensible tort qu'un tel arrêt me fasse,
je me garderai bien de vouloir qu'on le casse.
On y voit trop à plein le bon droit maltraité,
et je veux qu'il demeure à la postérité,
comme une marque insigne, un fameux témoignage
de la méchanceté des hommes de notre âge.
Ce sont vingt mille francs qu'il m'en pourra coûter ;
mais pour vingt mille francs j'aurai droit de pester
contre l'iniquité de la nature humaine,
et de nourrir pour elle une immortelle haine.

PHILINTE.

... Je tombe d'accord de tout ce qu'il vous plaît ;
tout marche par cabale et par pur intérêt.
Ce n'est plus que la ruse aujourd'hi qui l'emporte,
et les hommes devraient être faits d'autre sorte. »

Telle est la nature humaine; il en a toujours été, et il en sera toujours de même : l'intérêt a été et sera sans cesse le grand mobile de l'humanité. Ce n'est que fort rarement et par exception que l'intérêt d'autrui ou que le devoir interviennent comme mobiles contre l'intérêt personnel. Les maximes de Larochefoucauld ne sont que trop souvent l'expression exacte de la vérité. Si l'humanité est ainsi faite, il faut bien l'accepter telle que la nature l'a créée. Cependant cette imperfection, observe Philinte, a sa raison d'être, et il va nous en donner le motif en poursuivant :

« Mais est-ce une raison que leur peu d'équité,
pour vouloir se tirer de leur société ?
Tous ces défauts humains nous donnent dans la vie
des moyens d'exercer notre philosophie.
C'est le plus noble emploi que trouve la vertu,
et si de probité tout était revêtu,
si tous les cœurs étaient francs, justes et dociles,
la plupart des vertus nous seraient inutiles,
puisqu'on en met l'usage à pouvoir sans ennui
supporter dans nos droits l'injustice d'autrui. »

Dans cette admirable leçon de morale, l'indulgence pour les défauts d'autrui se trouve érigée en principe, puisqu'ils sont un mal involontaire, inhérent à la nature

humaine, et que ce mal peut devenir une source de bien.
On ne pouvait présenter de meilleures raisons à Alceste
pour calmer sa haine ; mais Molière, constamment vrai,
fait voir qu'une passion montée au diapason de celle d'Alceste ne s'apaise par aucun moyen. Aussi ce fanatique
aveuglé reste-t-il intraitable, et, n'ayant rien à répondre,
il s'en tire par des moyens détournés, et finalement en
quittant la partie :

> « Je sais que vous parlez, Monsieur, le mieux du monde ;
>   en beaux raisonnements vous abondez toujours ;
>   mais vous perdez le temps, et tous vos beaux discours,
>   la raison, pour mon bien, veut que je me retire :
>   je n'ai point sur ma langue un assez grand empire ;
>   de ce que je dirais je ne répondrais pas,
>   et je me jetterais cent choses sur les bras. »

Alceste comprend très bien que si sa violence, qu'il
peut contenir encore, vient à empirer, il ne se possédera
plus, qu'il sera possédé par elle, et qu'il pourra en ré-
sulter de sa part des actes qui lui seront préjudiciables.
Son intérêt bien entendu, qui n'est point encore para-
lysé par la colère, lui conseille de fuir pour ne pas être
envahi par cette passion, et c'est la voix des sentiments
qui inspirent cet intérêt rationnel qu'il qualific avec
justesse du nom de *raison*. Aveuglé à l'égard des passions qui excitent son courroux et dont il croit les inspirations justes et raisonnables, il n'est point aveuglé cependant à l'égard de son intérêt véritable. Les sentiments
qui l'inspirent parlent *en ce moment* plus haut dans son
esprit que la voix de sa passion, ce qui n'avait pas lieu

lorsqu'il désirait perdre son procès pour avoir le droit de haïr davantage le genre humain. Molière a su rendre avec beaucoup de naturel ces différents effets, tous également vrais, des passions; aucun d'eux ne lui a échappé.

Philosophes et moralistes, qui êtes assez peu versés dans la science du cœur humain pour affirmer que l'homme est toujours doué de raison et de force morale suffisantes pour qu'il soit capable de combattre ses passions, étudiez les œuvres de Molière : vous apprendrez à connaître l'homme tel que la nature l'a fait, et, en méditant sur les vers qui vont suivre, vous apprendrez à compâtir aux infirmités morales auxquelles nul n'échappe, et dont cependant on n'a jamais tenu compte, infirmités plus grandes et plus nombreuses peut-être que les infirmités physiques, plus préjudiciables sans contredit que les infirmités intellectuelles :

ALCESTE.

« Vous voyez ce que peut une indigne tendresse,
et je vous fais tous deux témoins de ma faiblesse ;
mais, à vous dire vrai, ce n'est pas encor tout
et vous allez me voir la pousser jusqu'au bout;
montrer que c'est à tort que sages on nous nomme
et que dans tous les cœurs il est toujours de l'homme. »

Ce quelque chose qui est toujours de l'homme, ce sont ses passions avec leurs différents effets, effets que Molière a si bien détaillés et qui peuvent se résumer ainsi : Tantôt ces éléments instinctifs irrationnels de notre esprit ne paralysant pas les instincts moraux, éléments de la raison, l'homme reste éclairé par ceux-ci à l'égard des premiers, et, appréciant leur nature, il peut les combattre, s'il le veut, au moyen de son énergie morale. Mais parfois aussi ses passions l'attirent avec tant de force qu'il faut, pour leur résister, une énergie qu'il n'est pas donné à tout le monde de posséder, et sans laquelle il succombe, comme le fait Alceste dans cette dernière circonstance, tout en reconnaissant et en déplorant sa faiblesse. Tantôt enfin ses passions envahissent si complètement son esprit qu'elles y étouffent tous les sentiments moraux. Alors, dominé et aveuglé par ses passions, l'homme, ne sentant plus leur nature perverse, ne pense, n'imagine, ne raisonne, ne juge que sous leurs inspirations, et par conséquent conformément à leurs vœux ; il ne désire et n'approuve que ce qu'elles demandent pour leur satisfaction, il ne veut que ce qui peut la procurer. Dans cet état psychique particulier, qui est celui de la folie raisonnante, privé de sa raison et de sa liberté morale, à l'égard seulement de ses inspirations passionnées, l'homme se croit néanmoins parfaitement raisonnable à cet égard, parce qu'il ne peut apprécier tout ce que ces inspirations contiennent d'absurde ou d'immoral, aucun bon sentiment ne le lui faisant plus sentir. Sous cette domination, l'homme se croit parfaitement libre néanmoins, parce que sa volonté, qui est dictée par ses passions et les désirs qu'elles font naître, appartiennent à son moi, à sa personnalité, et ne lui est pas imposée par autrui.

L'enseignement que renferme *le Misanthrope* peut maintenant s'apercevoir. On y rencontre, complètement exposée, la partie la plus essentielle de la science du cœur humain, l'aveuglement de l'homme par ses passions, même par celles qui ont pour point de départ les sentiments moraux. Il importait d'autant plus de signaler cet enseignement, qu'il ne paraît pas avoir été soupçonné ; les citations suivantes, d'origine récente, en feront foi.

« Si Molière avait eu l'intention d'enseigner quelque chose, dit M. Jeannel, il faudrait lui reprocher d'avoir dissimulé son enseignement avec tant d'habileté, qu'il y a telles de ses pièces où les critiques n'ont pu se mettre d'accord pour deviner son opinion, comme *le Misanthrope,* par exemple, objet de tant d'interprétations, de louanges, de blâmes et même d'anathèmes. Quand on veut instruire, on ne cache pas sa doctrine sous des voiles si brillants et si impénétrables [1]. » Si les critiques sont en désaccord sur l'enseignement qu'ils prétendent tirer des œuvres de Molière, et surtout s'ils n'y ont découvert aucun enseignement, c'est parce que, s'étant figuré que Molière avait voulu exposer un système particulier de morale, une doctrine quelconque à cet égard, ils ont cherché l'enseignement là où il n'existait pas. Molière n'avait pas de système particulier de morale, et par conséquent il n'avait pas à en exposer. Le but qu'il s'était proposé était tout autre, et ce but est loin d'être dissimulé. Il a voulu tout simplement montrer quels sont les effets naturels des passions, tels qu'ils ressortent des lois auxquelles leur activité se trouve soumise. Molière a-t-il eu l'intention formelle de donner cet ensei-

[1] *Ouvr. cit.,* pag. 8.

gnement ? Cela ne me paraît pas douteux, car, dirai-je à mon tour : Quand on reproduit sans cesse des effets semblables sous les formes les plus variées et sans jamais se contredire, il est impossible que l'on n'ait pas tout formulés dans l'esprit les principes sur lesquels ces effets sont basés. Mais, pour n'avoir pas été donnés en formules, ces principes n'en sont pas moins évidents. En essayant de remplir cette lacune par les formules que j'ai déduites de ses tableaux, on pourra juger si ce que j'avance n'est pas la vérité. Une autre question se présente également ici. Molière a-t-il eu l'intention réelle d'exposer dans *le Misanthrope* les effets du fanatisme ? Je ne saurais le dire. Mais ce qui est certain, c'est que dans cet ouvrage il a admirablement dépeint cette passion, bien qu'il ne la nomme pas, de même que dans *Don Juan* et quelques autres de ses œuvres il a donné avec une grande perfection les caractères de la criminalité, sans pourtant prononcer ce mot. Dans les deux cas, sans avoir exprimé le mot, il a exactement dépeint la chose. Dans *le Misanthrope*, il est évident cependant que Molière a voulu signaler les excès auxquels peut entraîner la passion du bien. On les rencontre exposés en effet à chaque parole prononcée par Alceste. Du reste, il n'est pas dans les habitudes des auteurs dramatiques d'indiquer le but qu'ils se sont proposé en écrivant telle ou telle pièce. Ils laissent à la sagacité de leurs auditeurs le soin de le découvrir. Le mot *Misanthrope*, par lequel Molière intitule sa pièce, n'indique même pas le but qu'il s'est proposé, car Alceste n'est misanthrope morose, injuste, inconvenant,

que par suite de son fanatisme du bien, que par le
chagrin que lui causent l'injustice des hommes, les vices
de ses semblables.

« Sans condamner *le Misanthrope* avec Rousseau, dit
M. de Laprade, nous demanderons cependant comme
lui : Où est l'utilité morale, où est l'enseignement ? En
quoi nous sentons-nous meilleurs et plus disposés à le
devenir après la lecture de ce chef-d'œuvre ? Évidemment c'est ailleurs que dans l'enseignement moral que
réside le mérite de la pièce. » Et, à ses yeux, ce mérite
est exclusivement littéraire. Le premier but de Molière,
en composant ses comédies, était incontestablement de
divertir son public ; mais, le moyen qu'il avait continuellement en vue pour atteindre ce but étant la représentation du jeu naturel des passions, cette représentation a
été d'une vérité si exacte qu'elle s'est trouvée être un
grand enseignement qui sera, de tous les temps, celui de
la science du cœur humain.

Néanmoins, les préceptes de morale ne font pas défaut dans ses œuvres ; et celui qui se déduit naturellement de cette haute leçon de psychologie des passions
qui s'appelle : *le Misanthrope*, c'est le devoir de compâtir aux misères morales de l'humanité, de ne pas blesser les passionnés par des récriminations violentes, c'est
enfin de ne pas les abandonner dans leur malheur.

Voilà ce que Molière n'a pas oublié de signaler comme
corollaire de son chef-d'œuvre, si bien qu'il l'exprime
dans les deux vers par lesquels il le termine. Aux der-
nières paroles désespérées que prononce Alceste, paro-

les par lesquelles il déclare son projet de vivre désormais isolé de la société, Philinte, touché de compassion pour ce malheureux, dit à Éliante :

> « ..... allons Madame, employer toute chose
> pour rompre le dessein que son cœur se propose. »

Tel est le précepte moral qui, tiré de cette comédie célèbre, peut servir à devenir meilleur à quiconque saura le mettre en pratique.

LE MÉDECIN MALGRÉ LUI.

Après la querelle de ménage où Martine, surexcitée par les menaces de son ivrogne de mari, se laisse aller à l'injurier, ce qui lui attire une volée de coups, arrive la scène dans laquelle un étranger, poussé par l'indignation que lui cause cet acte de brutalité, s'interpose charitablement entre eux. Mais cet étranger est fort mal payé du service qu'il voulait rendre. Martine lui reproche de se mêler de ce qui ne le regarde pas, et elle lui applique un soufflet. Sganarelle, après avoir injurié cet intrus, le rosse en lui rappelant le proverbe qui dit que : entre l'arbre et l'écorce il ne faut pas mettre le doigt. Comment expliquer cette réaction violente qui s'élève si souvent contre les personnes qui interviennent charitablement pour mettre un terme aux voies de fait auxquelles se livrent entre eux certains passionnés ? Si, en mécanique physique, la réaction est toujours égale et opposée à l'action, en mécanique morale, si l'on peut s'exprimer ainsi, la réaction est parfois plus puissante que l'action, parce que la contrainte qui est imposée à la force expansive de la passion irrite vivement le passionné et ajoute un surcroît de violence à son irritation. Celle-ci peut atteindre alors un degré si élevé que celui qui bat ou injurie seulement la personne avec laquelle il se dispute, entrera en fureur contre l'homme charitable qui cherche à le contenir, et sera capable de le tuer. Les comptes rendus de Cour d'assises ne relatent que trop souvent des meurtres accomplis dans des circonstances semblables. Aussi, pour ne pas provoquer un malheur plus grand que celui que l'on veut empêcher, faut-il se conduire très prudemment avec les passionnés dont on arrête la violence par la contrainte, les considérer comme fort dangereux et se tenir en garde contre eux plusieurs heures, et même davantage, après qu'ils ont été contenus. Ce fait de réaction énergique à redouter, signalé ici par Molière, est inhérent à tout élément instinctif puissant, sans même qu'il soit caractérisé par la violence. Toutes les fois, par exemple, que l'on a voulu comprimer par la persécution les opinions politiques, religieuses et autres, loin d'atteindre le but qu'on s'est proposé, on n'a fait qu'aviver les sentiments et les passions sur lesquels ces opinions étaient basées, et provoquer une réaction sourde ou ouverte qui a fini souvent par l'emporter sur l'action.

La folie, avons-nous vu, est morale, instinctive de sa nature, et non pas intellectuelle. C'est de chacune de nos passions qu'elle tire son origine. Aussi, comme les passions sont indépendantes les unes des autres, et, de plus, comme elles ne sont pas continuellement en activité dans notre esprit, on peut n'être fou, c'est-à-dire moralement aveuglé, que par l'une d'elles, et rester raisonnable à l'égard de ce qui ne regarde pas cette passion. Or, comme nous sommes tous aveuglés et dominés momentanément par quelqu'une de nos passions lorsqu'elle surgit en nous, nous avons tous par moment un petit grain de folie, quelque grandes que soient notre intelligence et notre instruction. Molière avait tellement compris cette vérité, qu'il l'a fait nettement exprimer par Valère dans la phrase suivante :

« C'est une chose admirable que tous les grands hommes ont toujours du caprice (*le caprice naît de quelque passion qui absorbe momentanément l'esprit*), quelque petit grain de folie mêlé à leur science. »

LE TARTUFFE.

Dans la première scène de cette comédie, tous les membres de la famille de dame Pernelle donnent successivement à cette dame d'excellentes raisons pour la désabuser sur le compte de Tartuffe ; mais aveuglée à l'égard de ce personnage, elle n'est point ramenée à la vérité par les considérations sensées qu'on lui a présentées, et elle clôture la discussion par un faux-fuyant qui prouve que, bien qu'elle n'ait rien à répondre, elle reste inébranlable dans la manière de voir que lui imposent ses petites passions :

«Tous ces raisonnements ne font rien à l'affaire. »

Et, plus loin, elle qualifie de contes bleus les vérités qui se disent sur les agissements de son protégé.

Rien n'irrite les passionnés comme la contradiction, et de cette irritation naît souvent un besoin de violence que ces passionnés satisfont sur tout objet quelconque auquel ils peuvent s'en prendre, sans risquer de voir leur excès retomber sur eux-mêmes : ils brisent un meuble, ils donnent un coup de pied au chien, ils rudoient un enfant, ils frappent un domestique, et cela sans motif aucun contre l'objet violenté. Dame Pernelle, après avoir terminé ses récriminations contre chaque membre de sa famille, finit d'épancher sa colère, dont la violence s'accroît peu à peu, en appliquant sans raison un soufflet à Flipotte, une petite servante qui est restée muette pendant le conflit, et en l'insultant par l'apostrophe suivante :

«Allons, vous, vous rêvez et bayez aux corneilles.
Jour de Dieu ! je saurai vous frotter les oreilles..
Marchons, gaupe, marchons... »

Cette péroraison brutale, cette *ultima ratio* des passionnés aveuglés et irrités par la contradiction, est on ne peut plus naturelle ; il faut être Molière pour trouver des effets si simples, si vrais, et d'un si puissant effet sur la scène.

La manière dont Molière expose l'envahissement de Orgon par la passion ridicule que celui-ci éprouve pour

Tartuffe, passion qui a tous les caractères du fanatisme, démontre que cet envahissement peut être complet au point d'empêcher le passionné d'entendre ce que dit son interlocuteur ; ou encore, de n'entendre des paroles de celui-ci que celles qui peuvent avoir du rapport avec l'objet qui le préoccupe si vivement. Dorine a beau entre-tenir Orgon sur la maladie d'Elmire, son épouse, Orgon n'entend que ce qui peut intéresser Tartuffe ; aussi, à chaque phrase de Dorine, revient-il à son idole, d'où résulte cette répétition si bien trouvée et si comique :

« Et Tartuffe ?... Le pauvre homme ! »

Qu'on me permette ici de dire quelques mots sur la *répétition* envisagée, non comme figure de rhétorique, mais comme signification psychologique. Cette figure sert admirablement à exprimer l'absorption complète de l'esprit par une passion, et Molière l'a employée non-seulement dans cette circonstance, mais encore toutes les fois qu'il a eu à mettre fortement en relief cet état psy-chique particulier. En premier lieu, pour peindre l'absorp-tion du père de Psyché par la douleur que lui cause l'arrêt des Dieux qui ravit sa fille à son affection :

> « Mon juste désespoir ne saurait se contraindre (dit-il),
> *Je veux, je veux* garder ma douleur à jamais ;
> *je veux* sentir toujours la perte que je fais ;
> de la rigueur du ciel, *je veux* toujours me plaindre ;
> *je veux* jusqu'au trépas incessamment pleurer
> ce que tout l'univers ne peut me réparer. »

Ces vers admirables, qui par leur expression senti-mentale peuvent rivaliser avec les plus beaux de Corneille

et de Racine, font naturellement penser à la *répétition*
employée par Virgile pour peindre l'absorption d'Orphée
par le souvenir d'Euridice, dans ces vers si suaves et si
tendres :

> *Te* dulcis conjux, *te* solo in littore secum
> *te* veniente die, *te* descendente canebat.

Une troisième fois, Molière a tiré parti de la répétition
pour exprimer l'enthousiasme dont l'avare se sent pris
devant les mots : *Sans dot !* prononcés par Valère. Enfin,
il s'en est servi une quatrième fois dans *les Femmes savantes* pour caractériser l'irritation qui s'empare de Belise
lorsqu'elle entend que ses extravagances, qu'elle croit
être l'expression de la vérité, sont qualifiées de chimères. Revenons maintenant à notre sujet.

Les fanatiques qui veulent prouver l'excellence de
l'objet qui les enthousiasme, sont souvent embarrassés de
dire pourquoi ils sont enthousiasmés. Il leur semble
cependant que, pour motiver leur admiration, les raisons
vont abonder dans leur bouche ; mais quand ils arri-
vent à vouloir formuler un seul motif, ils sont arrêtés
tout court, car la cause de leur enthousiasme réside
entièrement dans leur manière de sentir. Cet effet des
passions a été on ne peut mieux saisi et rendu par
Molière :

ORGON A CLÉANTE.

« Mon frère, vous seriez charmé de le (Tartuffe) connaître ;
et vos ravissements ne prendraient point de fin.
c'est un homme qui... Ah !... un homme... un homme enfin ! »

Voilà tout. Molière a su arrêter là son passionné, afin de montrer que le seul motif de son admiration réside dans la vivacité de son fanatisme. Les sentiments et les passions en effet ne se motivent pas toujours ; une force intérieure et organique les soulève parfois sans cause excitante extérieure, sans motif plausible, et détermine leur explosion. Molière exprime d'une manière tout à fait explicite ce phénomène dans *Psyché*, par les deux vers suivants :

> « Lorsque l'amour touche un cœur,
> Il n'a point de raison à dire. »

Dans la scène VI de l'acte I, Orgon étale son aveuglement à l'égard de Tartuffe et découvre tous les procédés hypocrites, sans les apercevoir néanmoins comme tels, par lesquels ce malfaiteur s'est emparé de son esprit. C'est en vain que Cléante conseille à Orgon de se méfier de son fatal entraînement : ce passionné reste réfractaire aux considérations les plus sensées de son frère. Celle qui est basée sur l'imperfection de la nature humaine mérite d'être citée. La raison complète n'est point le lot de la pauvre humanité. L'homme même qui possède les sentiments moraux, éléments constitutifs de la raison, ne sait pas toujours se tenir dans les limites du vrai, du juste, du bien, ce qui est le cas d'Alceste et d'Orgon. L'exagération l'entraîne alors au delà des bornes de la raison, le fanatise, ce qui est si bien exprimé en ces termes par Cléante :

> « Les hommes, la plupart, sont étrangement faits ;
> dans la juste nature on ne les voit jamais ;

la raison a pour eux des bornes trop petites ,
en chaque caractère ils passent ses limites,
et la plus noble chose ils la gâtent souvent
pour la vouloir outrer et pousser trop avant. »

Que d'applications de cette vérité ne pourrait-on
pas faire de nos jours en voyant les excès auxquels sont
poussés tant d'impatients exaltés, tant de fanatiques de
toute couleur, tant d'intransigeants de toute nuance !

Si les hommes bien doués moralement sont souvent
portés à outrepasser les limites de la raison, si tous ont
ainsi inconsciemment plus ou moins les défauts de leurs
qualités, que peut donc être la raison des hommes qui
ne possèdent qu'à un degré insuffisant les sentiments
moraux, et que sera surtout la raison de ceux qui ne
possèdent, pas même en germe, les plus importantes de
ces facultés, le sens moral principalement ?

Orgon, n'ayant rien à répliquer aux sages observations
de Cléante, mais ne restant pas moins convaincu qu'il
est dans le vrai, que lui seul est raisonnable, se défend
par des paroles ironiques qui ne répondent à rien et qui
prouvent la persistance de son aveuglement moral :

« Oui, vous êtes sans doute un Docteur qu'on révère,
tout le savoir du monde est chez vous retiré ;
vous êtes le seul sage et le seul éclairé,
un oracle, un Caton dans le siècle où nous sommes,
et près de vous ce sont des sots que tous les hommes. »

Ou encore, il hausse les épaules de pitié et de mépris en
quittant la partie et en prononçant ces paroles :

« Monsieur mon cher beau-frère, avez-vous tout dit?

CLÉANTE.

Oui.

ORGON.

Je suis votre valet..... »

De même, aux sages considérations que Dorine lui présente pour le dissuader de poursuivre le projet insensé de marier sa fille avec Tartuffe, Orgon répond en colère par une phrase ironique qui ne dit rien :

« Je vous dis qu'il me faut apprendre d'elle à vivre ! »

Ces réponses ironiques ou évasives sont éminemment psychologiques dans la situation du passionné qui n'a, pour motiver sa conduite, que les impulsions de sa passion.

Au troisième acte, Tartuffe entre en scène. Ce personnage, tel que l'a dépeint Molière, appartient à la classe dangereuse des scélérats, c'est-à-dire des malheureux que la nature a créés paresseux à l'excès, égoïstes, animés de sentiments pervers, dévorés du désir des jouissances, et surtout dénués de tout sentiment moral capable de combattre leurs mauvais instincts. Mais, outre ces anomalies générales dont tous les scélérats sont atteints à des degrés différents, certaines dispositions intellectuelles et instinctives, ainsi que les conditions dans lesquelles ils naissent, créent parmi eux un grand nombre de variétés de scélérats. Celui qui est dans l'opulence et qui n'a pas besoin d'avoir recours au vol pour satisfaire ses passions, apparaît sous un des personnages dont Molière a exposé le type dans Don Juan. Celui qui sort

de la classe pauvre et dont l'intelligence vulgaire n'offre
pas de ressources, vole directement et bêtement par la
violence. Celui qui est doué d'une intelligence supé-
rieure et qui est animé d'un certain amour-propre,
croirait compromettre sa dignité en se servant des procédés employés par le voleur vulgaire ; aussi dérobe-t-il
d'une manière détournée. Son intelligence, dirigée par de
mauvais instincts, loin de l'éclairer, ne fait que favoriser
la satisfaction de ces instincts par des moyens ingénieux ;
elle crée le voleur intelligent et spécialiste qui arrive à
s'emparer du bien d'autrui, à jouir des plaisirs de la vie
sans travailler, par la ruse, l'adresse, la rouerie, et à
l'occasion par l'hypocrisie. Tartuffe, ayant rencontré un
homme religieux, crédule, faible d'intelligence et bon à
duper, l'exploite par l'adresse, la ruse et l'hypocrisie.
Tout ce qui caractérise le pervers dépourvu de tout sentiment moral se trouve admirablement dessiné par Molière
dans ce nouveau type de criminel qu'il présente.

Tartuffe, convaincu de scélératesse et obligé de quitter
son masque, prouve que son insensibilité morale égale
au moins sa perversité. Loin de courber la tête devant
les preuves de son infamie, il la relève pour écraser de
ses menaces son bienfaiteur. Il prouve par sa nouvelle
attitude que, comme tous les criminels dénués de conscience morale, il est sans honte et sans remords. Si
Molière fait dire au sage Cléante, en parlant de Tartuffe
dévoilé et arrêté par ordre supérieur :

> « A son mauvais destin laissez un misérable
> et ne vous joignez pas au remords qui l'accable. »

ce n'est pas qu'il croie que Tartuffe puisse éprouver le remords véritable ; car non seulement il ne lui en fait exprimer aucun, mais encore il l'a constamment présenté comme dépourvu des sentiments qui, froissés par quelque acte odieux, produisent cette peine morale. En faisant supposer par Cléante que Tartuffe éprouve du remords, Molière signale l'erreur dans laquelle tombent les personnes bien douées du côté des sentiments qui, supposant tous les hommes moralement conformés comme eux-mêmes, ne doutent pas que les criminels n'éprouvent du remords. Si Tartuffe ne le ressent point, il éprouve néanmoins, lorsqu'il est saisi par la justice, le regret égoïste de s'être laissé prendre, et c'est le seul qu'il lui soit possible de ressentir.

L'hypocrisie dont Molière a si bien tracé le modèle n'est point un vice particulier ; elle est, de même que l'adresse, la rouerie, *un moyen* employé par le scélérat intelligent pour arriver à ses fins, et ce moyen est suggéré à son intelligence par son intérêt personnel qui lui conseille, sinon de mener une vie régulière, puisqu'il n'y est porté par aucun bon sentiment, du moins de ne pas se compromettre gravement, tout en se livrant à des actes immoraux. Don Juan, à bout de ressources et menacé de toute part, prend le masque de l'hypocrisie afin d'échapper aux poursuites dont il est l'objet et afin de pouvoir continuer sa vie criminelle sans être inquiété.

Mais, quelque intelligent, adroit et rusé que soit le pervers qui emploie ce moyen, si les passions qui le dominent sont vives, il commettra indubitablement tôt ou tard quelque imprudence qui le fera découvrir lorsque ces passions, excitées par quelque circonstance, deviendront plus puissantes sur son esprit que la crainte d'être découvert. Tartuffe, vivement épris des charmes d'Elmire, commet une imprudence qui est tout à fait dans la nature des passionnés, en déclarant son amour à cette dame sans avoir au préalable tâté le terrain afin de s'assurer si elle y correspondra. La Buyère, dans sa description de l'hypocrite, n'a pas compris que la passion pouvait faire commettre des fautes même aux plus rusés : « Si Onuphre, dit-il, se trouve bien chez un homme opulent dont il est le parasite et dont il peut tirer grand secours, il ne cajole point sa femme, il ne lui fait du moins ni avance, ni déclaration ; il s'enfuira, il lui laissera son manteau, s'il n'est aussi sûr d'elle que de lui-même.... Il ne s'insinue jamais dans une famille où se trouvent à la fois une fille à pourvoir et un fils à établir. Il y a des droits trop forts et trop inviolables, on ne les traverse point sans faire de l'éclat. » La Bruyère, pour prétendre mieux faire que Molière, n'a créé qu'un hypocrite mesquin qui ne vise qu'à boire et à manger aux dépens d'autrui, qu'à être parasite. Molière avait un autre but : il voulait montrer l'homme capable de commettre tous les actes immoraux, se servant de l'hypocrisie pour s'emparer du bien d'autrui, afin de se procurer les jouissances vers lesquelles le portent ses passions. Si cet homme est épris de la femme de son hôte, il n'hésitera pas à chercher à la séduire. Il faut savoir, pour comprendre combien Molière est resté vrai dans cette circonstance, que les hommes faits comme Tartuffe ne doutent de rien, ce qui leur donne une audace inouïe qui va jusqu'à l'imprudence. N'ayant eux-mêmes aucune pudeur, ils courtisent l'épouse tout en cherchant à épouser la fille ; ne croyant pas à la vertu de la femme, ils lui font, pour une simple fantaisie, des déclarations sans aucune retenue, employant, pour la séduire, même le jargon de la dévotion si elle est dévote. Ces choses-là ne se rencontrent que trop souvent dans la société.

Quant à reculer devant une occasion de duper, à cause du bruit que peut faire la violation des droits de la famille ou de tout autre motif moral, c'est une supposition qui ne peut venir qu'à une personne qui n'a aucune idée de l'anomalie morale qui fait les criminels. Une bonne occasion se présente-t-elle pour faire une dupe, le pervers qui emploie l'hypocrisie saisit avec avidité cette occasion sans jamais être difficile sur le choix. Il sait très bien que le rôle qu'il joue ne peut être que temporaire ; aussi, de même que Tartuffe, il cherche à accaparer au plus tôt le plus de richesses qu'il pourra ; puis, une fois muni de titres ou d'argent, peu lui importe le bruit, une rupture. Pour lui, l'essentiel est de sauver sa caisse, et il compte pour cela, ou sur les précautions qu'il a prises, ou sur la fuite. Si la générosité de son bienfaiteur tarde trop à se montrer, dans l'impatience où il est de posséder pour jouir en toute liberté, il saisit la première occasion pour le voler et s'enfuir. A l'égard de tout ce qui concerne la science du cœur humain dans ses manifestations normales et anormales, ce n'est

pas impunément qu'on se pose en adversaire de Molière,
car personne mieux que lui n'a possédé à fond cette
science.

L'hypocrisie religieuse, ce procédé de la scélératesse
intelligente, méritait bien d'être dévoilée, afin que l'on
fût averti et que l'on pût s'en préserver. Molière n'a pas
manqué de rendre ce service à la société, et il l'a fait avec
une supériorité digne de lui. Il n'est pas besoin de répéter
après Molière lui-même que dans *Tartuffe* il a voulu
stigmatiser le vice qui se revêt du manteau de la religion, tout en professant le plus grand respect pour tout
ce qui touche au vrai sentiment religieux. Il faut donc
être bien prévenu contre cette œuvre, pour insinuer,
ainsi que l'a fait M. De Laprade, que dans *Tartuffe* l'at-
taque dépasse le vice pour aller tomber sur la chose respectable qui se trouve la plus voisine, et *qu'en frondant
un vice Molière offense une vertu.* « Puis, ajoute-t-il, quels
sont les gens qui doivent le plus détester Tartuffe et
Trissotin comme des ennemis personnels? Ce sont les
poètes et les dévots. Rien ne saurait leur être plus
odieux que les gens ridicules et méchants qui compromettent par leurs simagrées les choses qu'ils vénèrent.
Si *Tartuffe* est le véritable antidote de la fausse dévotion,
il y a vraiment de quoi s'étonner que ce ne soient pas
les vrais dévots qui aient demandé la représentation de
cette comédie. » En premier lieu, ce serait une erreur
que de supposer que l'exposition de l'hypocrisie puisse
jamais être un antidote contre quoi que ce soit, qu'elle
puisse empêcher les pervers d'adopter ce moyen quand

ils sont aptes à l'employer. Cette comédie ne peut servir qu'à éclairer les personnes morales à cet égard, et à les empêcher de devenir les victimes des fripons qui chercheraient à les exploiter en simulant la vertu. En second lieu, bien que les personnes pieuses détestent, à n'en pas douter, les faux dévots, qui certainement les compromettent, il n'est pas moins vrai que la représentation de *Tartuffe* ne leur sera jamais agréable, par la raison que, l'homme étant porté à juger du particulier au général, on sait très bien que les passionnés irréligieux feront toujours retomber sur tout le corps des hommes religieux les fautes d'un seul de ses membres, et même les fautes des hypocrites qui, pour mieux tromper, feignent d'appartenir à ce corps. Mais ce vice de logique enfanté par la passion n'est pas un motif suffisant pour fermer les yeux devant les abus de l'hypocrisie à forme religieuse. Tel n'est cependant pas l'avis de M. De Laprade. « Quand il s'agit de toucher à des choses aussi graves que les croyances et les pratiques religieuses, ajoute-t-il, il faut avoir les mains bien pures. Une censure de la fausse dévotion me toucherait dans la bouche de Bossuet et de Fénelon ; je suis tenté de la mépriser dans la bouche d'un comédien, fût-il Molière. » Si Molière a représenté certains personnages qui foulent aux pieds les croyances religieuses, de même qu'ils violent tout principe de morale, ne les montre-t-il pas aussi comme appartenant à cette malheureuse lie de l'humanité qui est dénuée de tous les sentiments moraux ? Et à côté de cela, ne cesse-t-il pas de faire parler avec res-

pect sur ce qui concerne le religion, les personnes qui,
dans ses œuvres, représentent la raison et la vertu?
L'exemple à suivre, d'après Molière, se trouve donc dans
ce dernier camp et non dans le premier. Si, par le motif
que j'ai indiqué, il ne faut raisonnablement pas attendre
de la part des ministres de la religion la censure de la
fausse dévotion, la morale, offensée par l'hypocrisie des
pervers qui se couvrent du manteau de la piété, doit
accepter avec reconnaissance, au lieu de la mépriser, la
critique du comédien qui, par la puissance de son génie,
a su devenir un des plus grands littérateurs dont s'honore
la France, un moraliste et un peintre de caractère incom-
parable, enfin un savant professeur de la science du
cœur humain.

AMPHITRYON.

L'amour, ai-je fait observer en étudiant *le Misanthrope*,
est une passion essentiellement égoïste. Nous allons rencontrer ici une démonstration nouvelle de ce caractère
de l'amour. Plutôt que de savoir sa femme victime d'une
erreur qui le blesserait dans son amour, Amphitryon pré-
fère qu'elle ait subi le pire de tous les malheurs, celui
d'être atteinte de folie :

> « Je veux la retâter sur ce fâcheux mystère (dit-il),
> et voir si ce n'est point une vaine chimère
> qui sur ses sens troublés ait pu prendre crédit.
>   Oh ! fasse le ciel équitable
>   que ce penser soit véritable
> et que pour mon bonheur elle ait perdu l'esprit ! »

Cette exclamation est d'un naturel parfait. Quel est l'époux amoureux de sa femme qui dans une situation semblable ne penserait pas de même ? C'est dans le caractère essentiellement égoïste de l'amour qu'on trouve la cause pour laquelle l'homme place son déshonneur dans l'inconduite de son épouse, et son honneur dans la fidélité de celle-ci, c'est-à-dire dans des circonstances qui n'ont aucun rapport avec la moralité du mari. L'homme, cherchant toujours à donner du relief aux sentiments et aux passions qui le dominent, couvre, avec le mot magique de: *son honneur*, l'égoïsme de son amour et la jalousie qui accompagne toujours plus ou moins cette passion. Par cette illusion, il élève à la hauteur d'un noble sentiment la haine qu'il éprouve contre ceux qui le trahissent, et il trouve dans cette illusion un prétexte qui lui paraît avouable et plausible pour accomplir les projets de vengeance qu'il peut former à cette occasion. Cette manière de voir étant générale, puisque l'amour a toujours et partout le même caractère égoïste, cette fausse interprétation de l'infidélité de la femme a passé si bien dans les idées et dans les mœurs que la loi tolère la vengeance homicide du mari. Mais il n'en est pas moins vrai que les maris qui croient laver leur honneur dans le sang de leur femme et de son amant ne les sacrifient que pour satisfaire l'égoïsme qui les domine et qui les aveugle en ce moment. Molière, que l'on trouve toujours d'accord avec les vérités psychologiques, a nettement précisé que l'honneur dont se décorent la jalousie et l'égoïsme en amour est un faux honneur. A propos de

l'erreur dans laquelle Alcmène est involontairement tombée, voici ce que dit Amphitryon :

«De semblables erreurs, quelque jour qu'on leur donne,
touchent les endroits délicats ;
et *la raison* bien souvent les pardonne
que l'amour et l'honneur ne les pardonnent pas. »

On ne pouvait exprimer par une sentence plus exquise
de forme et de pensée que ce prétendu honneur n'est ni
vrai ni moral, puisqu'il est en opposition avec la raison.
N'y eût-il que ces vers admirables à glaner dans sa tra-
duction libre de la comédie de Plaute, qu'il n'en faudrait
pas davantage pour se féliciter que, malgré la nature
scabreuse du sujet, Molière s'en soit emparé.

Les œuvres de Molière abondent en phrases qui pa-
raissent avoir si peu d'importance de prime abord que c'est
à peine si l'on s'y arrête ; mais, en les étudiant, on y
découvre quelques traces de la vaste science qu'il tenait de
la facilité avec laquelle il savait discerner les effets naturels
des passions dans les faits qu'il observait. L'imagination,
vivement impressionnée par la crainte, exerce une action
tellement puissante sur les sens que celui qui craint vivement une douleur peut l'éprouver sans l'intervention
de la cause qui devrait la produire. Amphitryon, très irrité
contre Sosie, veut le rouer de coups, mais il en est em-
pêché par Naucratès. Sosie est tellement impressionné
par les menaces terribles de son maître et par la vue de
son bâton levé sur sa tête, qu'il lui semble avoir été
battu, si bien qu'un instant après, s'adressant aux témoins
de cette scène, il leur dit : « M'a-t-il frappé ? » Ce passage

de *l'Amphitryon* appartient à Molière. Plaute ne lui en a point offert le modèle.

L'AVARE.

La circonstance suivante prouve bien qu'en écrivant ses comédies, Molière avait un but plus noble que celui d'amuser, et que ce but était de démontrer les effets naturels des passions. Si l'occasion s'en présente, il ne manque jamais de faire tenir à ses personnages de petits discours pleins de sentences qui, par les vérités qu'elles renferment, seraient parfaitement placées dans un cours de psychologie des passions. Citons un exemple :

ÉLISE.

« Ah ! Valère, songez, je vous prie, à vous bien mettre dans l'esprit de mon père.

VALÈRE.

Vous voyez comme je m'y prends, et les adroites complaisances qu'il m'a fallu mettre en usage pour m'introduire à son service, sous quel masque de sympathie et de rapports de sentiments je me déguise pour lui plaire, et quel personnage je joue tous les jours avec lui afin d'acquérir sa tendresse. J'y fais d'admirables progrès, et j'éprouve que, pour gagner les hommes, il n'est point de meilleure voie que de se parer à leurs yeux de leurs inclinations, que de donner dans leurs maximes, encenser leurs défauts et applaudir à ce qu'ils font. On n'a que faire d'avoir peur de trop charger la complaisance, et la manière dont on les joue a beau être visible, les plus fins toujours sont de grandes dupes du côté de la flatterie ; et il n'y a rien de si impertinent et de si ridicule qu'on

ne fasse avaler lorsqu'on l'assaisonne en louanges. La sincérité souffre un peu au métier que je fais ; mais, quand on a
besoin des hommes, il faut bien s'ajuster à eux ; et puisqu'on
ne saurait les gagner que par là, ce n'est pas la faute de ceux
qui flattent, mais de ceux qui veulent être flattés. »

Qu'il nous soit permis d'ajouter : c'est la faute de la
nature humaine, car elle est ainsi faite. C'est incontestablement aux bons sentiments de l'homme qu'il convient
de s'adresser pour arriver à son cœur et pour le diriger vers
la voie de la raison ; mais quand ces bons sentiments font
défaut, ce qui est le cas d'Harpagon, force est bien, faute
de mieux, de le prendre par l'intérêt, par la flatterie de
ses passions, pour atteindre ce but, bien que la sincérité
souffre alors de ce procédé, ainsi que le dit Molière. Après
avoir exposé comment il s'y prend pour parvenir au cœur
d'Harpagon, Valère va nous donner un échantillon de son
savoir-faire par les paroles suivantes qu'il adresse à Élise
en présence de son père :

« Oui, l'argent est plus précieux que toutes les choses du
monde, et vous devez rendre grâce au ciel de l'honnête
homme de père qu'il vous a donné. Il sait ce que c'est que de
vivre. Lorsqu'on s'offre de prendre une fille sans dot, on ne doit
point regarder plus avant. Tout est renfermé là-dedans ; et
sans dot tient lieu de beauté, de jeunesse, de naissance,
d'honneur, de sagesse et de probité.

HARPAGON.

Ah ! le brave garçon ! Voilà parler comme un oracle !
Heureux qui peut avoir un domestique de la sorte ! »

Les mots : sans dot, qui flattent l'avarice d'Harpagon,

absorbent tellement son esprit qu'il les répète plusieurs fois dans la suite du dialogue. Un peu plus loin, Molière revient encore à la charge pour prouver la toute-puissance des bons procédés, et il l'appuie sur les considérations psychologiques fort importantes qui suivent :

ÉLISE.

« Vous moquez-vous, Valère, de parler à mon père comme vous faites ?

VALÈRE.

C'est pour ne point l'aigrir et pour en venir mieux à bout. Heurter de front ses sentiments est le moyen de tout gâter ; et il y a de certains esprits qu'il ne faut prendre qu'en biaisant, des tempéraments ennemis de toute résistance, des naturels rétifs que la vérité fait cabrer, qui toujours se raidissent contre le droit chemin de la raison et qu'on ne mène qu'en tournant où l'on veut les conduire. »

La leçon psychologique est complète ; elle s'adresse à quiconque a pour mission de gouverner les hommes, d'imprimer une bonne direction aux esprits mal faits, chez lesquels les mauvais instincts l'emportent de beaucoup sur les sentiments rationnels. Elle renferme le meilleur argument que l'on puisse invoquer contre le système des punitions à outrance comme base de traitement à appliquer à des êtres anormalement constitués au point de vue moral, et qui, par le fait de leur mauvaise nature instinctive, *se raidissent contre le droit chemin de la raison*, c'est-à-dire de la morale, aux criminels, en un mot. Aussi, que récolte-t-on avec ce système ? L'incurabilité de ces esprits malheureux et un chiffre effrayant

de récidivistes. Cependant, parmi ces esprits mal conformés, un certain nombre seraient guérissables par des
procédés moralisateurs. D'autres, il est vrai, parmi les
adultes surtout, pour lesquels les habitudes criminelles
sont devenues une seconde nature, sont tout à fait incurables. A l'égard de ceux-ci, la société, se trouvant vis-
à-vis d'eux dans le cas de légitime défense, doit les relé-
guer loin d'elle dans des localités où la nécessité les
obligera à se livrer au travail pour subvenir à leurs besoins, à changer par conséquent de manière de vivre.
Les préceptes exposés par Molière ont été mis en pratique chez les jeunes détenus à Mettray par le clairvoyant
Demetz. Or, tandis que ces jeunes détenus, alors qu'ils
étaient soumis au régime des punitions en usage dans
les prisons, donnaient 75 récidivistes sur 100, ils n'en
ont donné tout au plus que 4 pour % sous le régime qui
consiste à prendre les mauvaises natures en biaisant,
comme dit Molière, en excitant en eux ce qu'ils peuvent
avoir de bons sentiments, voire même au besoin l'intérêt personnel, sans jamais les blesser, les avilir et les
irriter.

Molière est toujours complet dans ses leçons de psychologie pratique basée sur la connaissance de la nature
humaine. En regard des excellents effets qui résultent
des procédés doux et humains, il ne manque pas de
montrer les mauvais résultats que l'on obtient en disant
aux passionnés de dures vérités, en heurtant de front
leurs défauts et leurs vices. Maître Jacques dit à Harpagon qu'il ne peut pas souffrir les flatteurs, et il exprime

le désir de lui faire savoir dans son intérêt, tant il lui est attaché, tout ce que les voisins disent de lui, Harpagon ; mais il n'ose le lui dévoiler, dans la crainte de le mettre en colère. Harpagon assure que, loin de s'en fâcher, il sera charmé de le savoir. Confiant en cette affirmation, Jacques raconte à son maître toutes les ladreries de celui-ci, sur lesquelles les voisins glosent à qui mieux mieux. Or, que reçoit ce domestique en récompense de sa franchise brutale ? Des injures et des coups de bâton. Ce sont également des actes de violence que reçoit la société de la part des criminels, lorsqu'elle prétend leur faire sentir leur anomalie morale et les ramener au bien par la souffrance, par de durs châtiments.

L'amour est parfois tellement irrésistible que l'homme se sent incapable de lutter contre ses entraînements, bien qu'il sente qu'il serait de son devoir ou de son inté-rêt de se soustraire à la puissance de cette passion. Molière a déjà exposé dans *le Misanthrope* cette faiblesse de l'homme devant l'amour ; il va la retracer ici pour la seconde fois :

CLÉANTE.

« Oui, j'aime ; mais avant d'aller plus loin, je sais que je dépends d'un père et que le nom de fils me soumet à ses volontés ; que nous ne devons point engager notre foi sans le consentement de ceux dont nous tenons le jour ; que le ciel les a faits les maîtres de nos vœux et qu'il nous est enjoint de n'en disposer que par leur conduite ; que, n'étant prévenus d'aucune folle ardeur, ils sont en état de se tromper bien moins que nous, et de voir beaucoup mieux ce qui nous est propre ; qu'il faut plutôt croire les lumières de leur pru-

dence que l'aveuglement de notre passion, et que l'emportement de la jeunesse nous entraîne le plus souvent dans des
précipices fâcheux. Je vous dis tout cela, ma sœur, afin que
vous ne vous donniez pas la peine de me le dire; car, enfin,
mon amour ne veut rien écouter, et je vous prie de ne me
point faire de remontrances. »

Voilà l'irrésistibilité de la passion dans l'état complet
de raison, chose qui ne se rencontre chez l'homme en
santé que dans l'amour, à cause de l'attrait violent qui
parfois l'accompagne. Molière a si bien analysé ce point
de la psychologie de l'amour, parce qu'il a pu l'étudier
sur lui-même. Lui aussi avait ressenti la puissance de
cette passion dans celle qu'il éprouvait pour sa femme.
Tout en reconnaissant qu'il eût été heureux pour lui de
ne plus aimer cette infidèle, il ne pouvait s'empêcher de
l'aimer encore :

« Quand je la vois (disait-il à son ami Chapelle), une émotion et des transports qu'on peut sentir, mais qu'on ne peut
exprimer, m'ôtent l'usage de la réflexion ; je n'ai plus d'yeux
pour ses défauts, il m'en reste seulement pour tout ce qu'elle
a d'aimable : n'est-ce pas là le dernier point de la folie ? (*Il est
certain que dans ce moment-là, en présence de son épouse, absorbé
et aveuglé par son amour, il se trouvait dans l'état psychique
constitutif de la folie.*) Et n'admirez-vous pas que tout ce que
j'ai de raison ne sert qu'à me faire connaître ma faiblesse,
sans pouvoir en triompher ? »

Dans cette dernière circonstance, son état psychique
n'est plus le même : sa passion ne l'aveugle plus, puisqu'il reconnaît sa faiblesse ; et par conséquent, étant donnés les défauts de sa femme, combien il serait préférable

pour lui qu'il ne l'aimât plus. Mais, si sa raison lui fait reconnaître sa faiblesse, elle n'a pas la puissance de faire disparaître sa passion. Rien ne peut empêcher de surgir ce qui est instinctif en nous; nous le subissons involontairement. Et si nous pouvons combattre ses impulsions, c'est seulement quand elles ne sont point irrésistibles et quand, éclairés à leur égard par les sentiments moraux, nous sentons que nous devons résister à ces impulsions. Par ce qui précède, nous voyons la facilité avec laquelle, sous l'influence des passions, l'homme est traversé par des états psychiques parfaitement déterminés et fort différents, tous si bien appréciés par Molière.

Dans le trait suivant, Molière va nous donner un exemple des illusions dans lesquelles tombent les passionnés sous l'influence de la passion qui les domine. Maître Jacques, voulant se venger de Valère, insinue à Harpagon que c'est Valère qui lui a dérobé sa cassette. Or, quoique Jacques réponde tout de travers au sujet de cette cassette qu'il dit avoir vue entre les mains de Valère, déclarant au hasard qu'elle est grande alors qu'en réalité elle est petite, qu'elle est rouge alors qu'elle est grise, Harpagon, qui, avant d'interroger Jacques, dit :

« Je verrai bien si c'est la mienne »,

s'écrie, malgré ces fausses indications :

« Il n'y a point de doute, c'est elle assurément! »

tellement il est avide de retrouver son trésor. Les erreurs commises par Jacques ne lui font point comprendre que celui-ci l'a trompé. Molière a reproduit ce même effet des passions dans *Monsieur de Pourceaugnac*. Ce gentil-homme, très flatté dans son amour-propre par les politesses que lui fait Éraste, ajoute foi à toutes les paroles agréables, mais fausses, que lui dit ce jeune homme, et même à l'impudent mensonge que celui-ci lui débite, en lui affirmant qu'il l'a connu lui et toute sa famille, il y a six ans, à Limoges. Bien qu'Éraste commette les plus grosses bévues sur les diverses personnes de la famille de Pourceaugnac, celui-ci s'écrie avec enthousiasme :

« Il dit toute la parenté! »

Ces deux scènes, éminemment psychologiques, font le pendant l'une de l'autre. Molière a toujours su reproduire des effets semblables dans des conditions psychiques semblables. Ces reproductions si fréquentes dans ses œuvres prouvent bien, répéterons-nous, qu'il avait des principes psychologiques arrêtés, déduits des faits qu'il observait sans cesse.

La scène v de l'acte II montre encore Harpagon prenant pour vérités toutes les extravagances par lesquelles des personnes intéressées flattent ses passions. Devenu amoureux, il ajoute foi aux absurdités que Dorine invente pour flatter son amour suranné, et il finit par croire que la vieillesse a plus de droits pour inspirer de l'amour que la jeunesse. Le cœur de l'avare, qui est resté insensible à tous les sentiments généreux, aux affections de famille, à l'honneur, à la reconnaissance pour les services que Dorine lui rend, a été accessible à l'amour. Il n'y avait que cette passion essentiellement égoïste, puisqu'elle ne vise qu'à posséder l'objet aimé, qui pût se partager, avec l'avarice, le cœur de ce vieillard.

Molière n'est point un esprit systématique, exclusif. Son génie, qui a embrassé toute la psychologie des sentiments et des passions, en a déduit les diverses conséquences pratiques qui en découlent. S'il a démontré précédemment la toute-puissance des bons procédés pour arriver au cœur de l'homme et pour le gouverner, il n'ignore pas qu'il existe certaines natures pusillanimes, sensibles à la crainte, qu'il faut maîtriser par l'énergie, par l'ascendant moral et même momentanément par la rigueur et par les punitions ; en un mot, pour me servir d'une expression proverbiale, il n'ignore pas que, pour les faire taire, il faut crier plus fort qu'eux. La scène VI de l'acte III met en évidence cette maxime, dont on doit savoir se servir à l'occasion, lorsque la douceur est restée inefficace. Dans une discussion avec maître Jacques, Valère parle très poliment à celui-ci, espérant le calmer par ce moyen et lui faire entendre raison. Mais ce valet, prenant ces procédés polis pour un effet de la crainte, se met à l'injurier et à le bousculer. Valère change alors de tactique : il devient sévère et menaçant, ce qui fait taire aussitôt maître Jacques, le rend humble et souple. C'est à la sagacité du supérieur qu'il appartient de juger les cas et le moment où il doit employer les menaces et enfin les châtiments en dernier ressort.

On a dû remarquer qu'un grand nombre des personnages qui ont servi de types à Molière comme passionnés, aveuglés, comme esprits de travers, sont des pères de famille. M. Jeannel a cru trouver dans cette circonstance une matière à critiquer. Il accuse Molière d'avoir continuellement ravalé le chef de la famille, d'avoir partout opposé des pères imbéciles aux jeunes gens gracieux et pleins d'honneur, d'avoir sans cesse présenté de douces et innocentes jeunes filles comme victimes de parents insensés et cruels, d'avoir donné pour excuse aux fils coupables et débauchés des pères indifférents et égoïstes, plus coupables qu'eux, responsables et auteurs de leurs fautes. Si Molière a souvent choisi des pères de famille pour représenter les caractères vicieux et insensés, c'est parce qu'il avait à cœur de montrer dans toute leur gravité les malheurs qui résultent de ces caractères, afin d'impressionner davantage ses auditeurs et d'engager les vicieux à lutter contre leurs mauvaises tendances ; loin de l'en blâmer, on ne peut que l'en applaudir. Les vices produisent des résultats bien plus sérieux chez un chef de famille que chez un célibataire, car chez le premier les vices rejaillissent forcément sur toute la famille. Les enfants mal dirigés, ayant continuellement de mauvais exemples sous les yeux, se conduiront infailliblement mal ; ils s'aideront du concours des Mascarilles, ils emploieront tous les moyens immoraux pour satisfaire eux aussi leurs passions ; à moins toutefois que la nature ne les ait doués de sentiments moraux assez puissants pour les rendre capables de résister à la contagion, et pour les diriger sagement par leur seule force morale, sans culture préalable par une bonne éducation. Le bon exemple devant partir d'en haut, il fallait montrer ce qu'a de désastreux le vice partant également d'en haut. Et puis, autour du célibataire tout se rapetisse, toute démonstration se trouve imparfaite, entravée, tandis qu'elle s'élargit et se développe autour du père de famille. Que Tartuffe prenne pour dupe un célibataire, que l'avare n'ait pas d'enfants, la leçon que Molière se propose de donner devient incomplète. Il fallait donc, pour instruire le lecteur et l'intéresser, que ses passionnés fussent haut placés dans la hiérarchie de la famille. Mais lorsque l'occasion de présenter un père doué des plus nobles sentiments et de les exprimer à un fils voué à tous les vices s'est présentée, il a bien su en profiter. Quel beau caractère n'a-t-il pas dépeint chez Don Louis, père de Don Juan ; quelles maximes admirables Molière n'a-t-il pas exprimées par la bouche de ce malheureux père dans la scène VI de l'acte IV !

Voulez-vous être aimé ? soyez aimable, a démontré Molière dans ses deux *Écoles*. Voulez-vous être respecté et honoré par vos enfants ? occupez-vous d'eux, donnez-leur de bons exemples, rendez-vous ainsi honorable et respectable. Voilà l'importante leçon qui ressort de ses comédies, où l'on voit les pères abandonner leurs enfants pour ne songer qu'à l'objet de leur passion, et manquer ainsi à tous leurs devoirs. En mettant des pères vertueux sur la scène, Molière eût indiqué directement ce qu'ils doivent être ; mais l'objet de la comédie étant beaucoup moins de présenter des exemples à suivre que des exemples à éviter, il a dû, pour satisfaire aux exigences du théâtre, indiquer indirectement ce que les parents doivent être, en montrant ce qu'ils doivent ne pas être. L'accusation suivante formée par M. Jeannel porte donc à faux : « La *morale* de Molière aura exprimé ce que doit être un homme, un époux, un citoyen, même un chrétien ; elle n'aura nulle part laissé entrevoir ce que doit être un père. »

Je dois encore réfuter ici un autre reproche aussi peu fondé, qu'à l'occasion de *l'Avare* M. Jeannel adresse à Molière. « Dans *l'Avare*, dit-il, il y a une invraisemblance qui est une faute : c'est que Valère, présenté à la fin sous les plus nobles couleurs, et montré dès le début comme plein de nobles sentiments, puisse allier cette hauteur d'âme avec le misérable rôle auquel il s'est soumis par choix. » M. Jeannel blâme également Molière d'avoir allié chez la plupart de ses jeunes amoureux des ruses honteuses, dégradantes, à la noblesse de l'amour qui les anime. En nous montrant chez les bons un alliage de mal, loin d'avoir commis une faute, Molière nous a exposé, comme toujours, l'humanité telle qu'elle est et non pas une humanité de convention composée telle qu'on la désirerait. Quoique doué de nobles sentiments, l'homme est loin de se trouver toujours sous leur influence. Molière a nettement exprimé ce fait lorsqu'il a dit dans *la Critique de l'École des Femmes* :

« Il n'est pas incompatible qu'une personne soit ridicule en certaines choses et honnête homme en d'autres. »

Lorsque l'homme est dominé par l'amour, dont le caractère, au lieu d'être noble, est toujours égoïste et souvent violent, il n'est point rare, malgré les bonnes qualités dont cet homme est doué, de le voir employer des moyens désapprouvés par la morale pour satisfaire sa passion, quand il n'a pu surmonter les obstacles par les procédés convenables. Que de sottises l'amour ne fait-il pas commettre, même aux plus sages ! Dans la science du cœur humain, répéterai-je encore ici, il est bien difficile de surprendre Molière en défaut.

LE BOURGEOIS GENTILHOMME.

Dans cette comédie, Molière expose la vanité la plus sotte poussée jusqu'à la folie. Et, ce qui doit frapper le psychologue dans cette pièce, ce sont peut-être moins les travers qui y sont représentés que l'inconscience morale à leur égard par les personnages qui en sont affectés ; c'est leur conviction que, en pensant et en agissant comme ils le font, ils sont dans le droit chemin de la sagesse et de la raison.

A côté de la folie humaine, la raison trouve dans cette œuvre une place pour se montrer avec ses vrais caractères. Et ce n'est pas par les personnages les plus intelligents et les plus instruits qu'elle est manifestée : c'est par Mme Jourdain, dame fort simple, et par la servante Nicole, femmes dont le bons sens réprouve toutes les extravagances de M. Jourdain et les friponneries de ceux qui l'exploitent. Celui-ci, considérant comme conformes à la raison les conceptions insensées que lui suggèrent sa vanité et son orgueil, traite de folie les idées raisonnables qui sont opposées à ces passions. Aux justes remontrances de sa femme, ce passionné aveuglé s'écrie en s'adressant à elle :

« Voulez-vous vous taire, impertinente ? Vous venez toujours mêler vos extravagances à toutes choses, et il n'y a pas moyen de vous apprendre à être raisonnable. »

Voilà ce que dit la folie. En plaçant la raison dans le bon sens de Mme Jourdain et de Nicole, Molière affirme une fois de plus que la raison, qui guide sagement l'homme dans ses pensées et dans ses actes, tire son principe des instincts moraux, des facultés morales, de la science qu'ils donnent d'inspiration, et non des facultés intellectuelles proprement dites, du pouvoir d'associer les idées, de raisonner, ni des connaissances acquises par l'instruction et retenues par la mémoire.

LES FOURBERIES DE SCAPIN.

Lorsqu'une passion absorbe et domine l'homme, elle lui fait voir les objets qui la flattent et qui l'intéressent autrement que ce qu'ils sont, c'est-à-dire tels que ces objets devraient être pour satisfaire cette passion. L'amoureux, par exemple, exagère les qualités de son amante ; il lui attribue celles qu'elle n'a pas, et les défauts qu'elle peut avoir lui apparaissent souvent comme des éléments de perfection. C'est ainsi que l'imagination engendre les idées délirantes chez les passionnés, soit malades du cerveau, soit en santé. Molière exprime ainsi cet effet de l'aveuglement de l'esprit par la passion :

OCTAVE.

« Comme nous sommes grands amis, Léandre me fit confidence de son amour et me mena voir cette fille, que je trouvai belle à la vérité, mais non pas tant qu'il voulait que je la trouvasse. Il ne m'entretenait que d'elle chaque jour, m'exagérait à tous moments sa beauté et sa grâce, me louait son esprit et me parlait avec transport des charmes de son entretien, dont il me rapportait jusqu'aux moindres paroles, qu'il s'efforçait toujours de me faire trouver les plus spirituelles du monde. Il me querellait quelquefois de n'être pas assez sensible aux choses qu'il me venait dire, et me blâmait sans cesse de l'indifférence où j'étais pour les feux de son amour. »

Octave, devenu amoureux, tombe dans les mêmes exagérations que Léandre à l'égard de la personne qu'il aime, et il ne s'aperçoit point de ces exagérations qu'il blâmait quelques instants auparavant chez son ami. Voici comment il expose son aveuglement :

« Nous entrons dans la salle, où nous voyons une vieille femme mourante assistée d'une jeune fille toute fondante en larmes, la plus belle et la plus touchante qu'on puisse voir. Une autre aurait paru effroyable en l'état où elle était, car elle n'avait pour habillement qu'une méchante petite jupe, sa coiffure était une cornette jaune qui laissait tomber en désordre ses cheveux sur ses épaules ; et ce n'était qu'agréments et que charmes que sa personne. Ses larmes n'étaient point de ces larmes désagréables qui défigurent un visage ; elle avait, à pleurer, une grâce touchante, et sa douleur était la plus belle du monde. Après quelques paroles dont je tâchai

d'adoucir la douleur de cette charmante affligée, nous sor-
tîmes de là ; et demandant à Léandre ce qu'il lui semblait de
cette personne, il me répondit froidement qu'il la trouvait
jolie. Je fus piqué de la froideur avec laquelle il m'en parlait,
et je ne voulus point lui découvrir l'effet que ses beautés
avaient fait sur mon âme. »

L'amour agit de la même manière sur ces deux jeunes
gens. Chacun apprécie avec justesse les exagérations où
l'autre est entraîné ; mais chacun d'eux, aveuglé, fanatisé
par sa passion, s'irrite de ce que sa manière de voir et
son enthousiasme ne soient point partagés par l'autre.
Lorsque l'homme est plein d'un vif sentiment, il le croit si
juste et si conforme à la raison, bien que souvent il en soit
tout le contraire, qu'il s'irrite contre quiconque ne partage pas sa manière de sentir. C'est l'éternelle cause de
la haine que chaque parti passionné politique, religieux
ou autre, voue sans indulgence et avec injustice à ses
adversaires.

Il est impossible à l'homme de faire ce qui répugne
essentiellement à ses sentiments, à sa nature instinctive.
Devant une répugnance invincible, il sera toujours arrêté
par une impossibilité morale, aussi puissante en réalité
que les impossibilités physiques. Suivant les sentiments
qui l'animent, il y a certains actes qu'il ne pourra jamais
accomplir, mais que d'autres hommes animés d'instincts
différents accompliront avec une facilité extrême et sans
la moindre répugnance. Par ce motif, les actes inconve-
nants ou criminels ne sont pas possibles à l'homme doué
des sentiments supérieurs ; et le vulgaire le sent si bien

avec son gros bon sens, qu'à l'occasion des actes criminels qui le révoltent il ne manque pas de dire : Il ne faut pas avoir de sentiments pour commettre de tels actes. Pour être méchant, inconvenant, criminel, il faut donc non seulement être animé de mauvais instincts qui fassent désirer les actes pervers, mais encore il faut absolument que les sentiments moraux qui inspirent la réprobation pour ces actes soient muets dans la conscience. Sans ces deux conditions, les actes odieux sont impossibles. Il est certain que Molière faisait allusion à ce principe psychologique important quand il a écrit la scène suivante :

SCAPIN A OCTAVE.

« Préparez-vous à soutenir avec fermeté l'abord de votre père.

OCTAVE.

Je t'avoue que cet abord me fait trembler par avance, et j'ai une timidité naturelle *que je ne saurai vaincre.*

SCAPIN.

Il faut pourtant paraître ferme au premier choc, de peur que sur votre faiblesse il ne prenne le pied de vous mener comme un enfant. Ça, essayons pour vous accoutumer. Imaginez-vous que je suis votre père qui arrive, et répondez-moi fermement comme si c'était à lui-même. — Comment ! pendard, vaurien, fils indigne d'un père comme moi, oses-tu bien paraître devant mes yeux, après le lâche tour que tu m'as joué pendant mon absence ? — Allons donc ! — Tu as l'insolence, fripon, de t'engager sans le consentement de ton père, de contracter un mariage clandestin ? Réponds-moi, coquin, voyons un peu tes belles raisons... — Oh ! que diable, vous demeurez interdit.

OCTAVE.

C'est que je m'imagine que c'est mon père que j'entends. »

Cette scène, fort amusante, est éminemment psychologique. Scapin, dont la nature morale est tout autre que celle d'Octave, suppose que celui-ci pourra répondre avec audace et effronterie à son père afin de le dominer. Mais Octave, qui a du respect et de l'affection pour l'auteur de ses jours, reste interdit lorsqu'il s'imagine que c'est son père qui lui adresse ces reproches. La crainte respectueuse que celui-ci lui inspire fait que lorsque Sylvestre dit :

« Voilà votre père qui vient. »

Octave se sauve en s'écriant :

« O ciel ! je suis perdu. »

Cette scène est d'une vérité parfaite, elle signale admirablement les impossibilités morales.

Dans les scènes v, vi et vii de l'acte II, Molière montre l'emportement de l'homme contre ce qui contrarie la passion qui le domine, ainsi que ses transports affectueux pour ce qui peut la servir. Léandre, croyant que Scapin a desservi son amour en le dévoilant à son père, manifeste contre ce valet la colère la plus violente, au point de vouloir le percer de son épée. Mais voilà que sur ces entrefaites on vient annoncer à Léandre qu'on va lui ravir sa maîtresse. Aussitôt la scène change. Ce jeune homme, qui n'a d'espoir que dans l'habileté de Scapin, implore son aide dans les termes les plus humbles. Il va

8

même jusqu'à le supplier à genoux de le tirer d'embarras. Cette scène a été évidemment placée ici pour démontrer à quel degré de bassesse peut être entraîné, par une passion qui l'absorbe et le domine, par l'amour surtout, l'homme même le mieux doué.

———

LES FEMMES SAVANTES.

Molière, avec son grand sens psychologique, avait parfaitement compris que les facultés instinctives jouent un grand rôle dans l'activité psychique de l'homme, que ce sont elles qui, par les goûts et les penchants qu'elles inspirent, enfantent la plupart de nos idées et les dirigent, fixent nos désirs et nos volontés. Il avait très bien vu par conséquent que tout ce qui sort de l'esprit humain n'est pas facultatif, et qu'il est dans la destinée de l'homme de suivre la voie qui lui est tracée d'avance par ce qui est instinctif en lui. Voici la manière remarquable dont il exprime, sous une forme sentencieuse, ce principe, qui donne une si grande importance en psychologie aux éléments instinctifs de notre esprit, principe ignoré par les philosophes modernes :

HENRIETTE.

« Le ciel, dont nous voyons que l'ordre est tout-puissant,
  pour différents emplois nous fabrique en naissant ;
  et tout esprit n'est pas composé d'une étoffe
  qui se trouve taillée à faire un philosophe.
  Si le vôtre est né propre aux élévations
  où montent des savants les spéculations,

le mien, ma sœur, est né pour aller terre à terre,
et dans les petits soins son faible se resserre.
Ne troublons point du ciel les justes règlements
et de nos deux *instincts* suivons les mouvements. »

Sous l'empire de la passion romanesque qui la domine, Belise offre un tableau parfait de la folie. L'imagination inspirée par cette passion lui représente tous les hommes amoureux de sa personne, et leurs actes les plus insignifiants comme étant des interprétations détournées de leurs feux. De même l'aliéné qui, sous l'influence des passions tristes et craintives de la lypémanie, est en proie au délire des persécutions, imagine que tout ce qu'il voit et que tout ce qu'il entend sont des machinations combinées dans le but de lui nuire. Belise prend pour une déclaration d'amour s'adressant à elle l'aveu que Clitandre lui fait de l'affection qu'il éprouve pour Henriette et le désir qu'il exprime de l'épouser. C'est en vain que ce jeune homme cherche à la désabuser en lui affirmant que ses vœux s'adressent à Henriette et non ailleurs, Belise n'en veut pas démordre, et elle lui dit de cesser de se défendre de ce que ses regards lui font concevoir. Clitandre a beau lui dire cruement :

« Je veux être pendu, si je vous aime ;... »

rien ne la désabuse, sa passion est plus puissante que cette affirmation, et elle coupe court à la discussion en disant :

« Non, non, je ne veux rien entendre davantage. »

Cet exposé de la folie raisonnante, qui tire des déductions logiques de faux principes imaginés sous l'influence de la passion, mérite l'attention des philosophes et des aliénistes. Comme chez les fous malades, l'évidence matérielle est impuissante chez Belise à rectifier ses erreurs passionnées, à la ramener à la vérité, à la raison, parce que rien n'a autant de puissance sur l'esprit que ce que lui inspire sa manière de sentir.

Dans le but de compléter les caractères psychologiques de la folie, Molière va les accentuer plus vigoureusement encore dans la scène III de l'acte II. Belise, toujours dominée par sa passion romanesque, cherche à convaincre ses frères que la demande de la main d'Henriette faite par Clitandre la regarde personnellement et non point Henriette. Ariste ne peut la désabuser à cet égard. Plus les raisons qu'il lui présente sont patentes, plus elle prouve son aveuglement par les fausses interprétations qu'elle donne à ces raisons :

ARISTE.

« Ces gens vous aiment ?

BELISE.

Oui, de toute leur puissance.

ARISTE.

Ils vous l'ont dit ?

BELISE.

Aucun n'a pris cette licence ;
ils m'ont su révérer si fort jusqu'à ce jour
qu'ils ne m'ont jamais dit un mot de leur amour.
Mais, pour m'offrir leur cœur et vouer leur service,
les muets truchements ont tous fait leur office.

ARISTE.

On ne voit presque point céant venir Damis.

BELISE.

C'est pour me faire voir un respect plus soumis.

ARISTE.

De mots piquants partout Dorante vous outrage.

BELISE.

Ce sont emportements d'une jalouse rage.

ARISTE.

Cléonte et Lycidas ont pris femme tous deux.

BELISE.

C'est par un désespoir où j'ai réduit leurs feux.

ARISTE.

Ma foi, ma chère sœur, vision toute claire.

CHRYSALE.

De ces chimères-là vous devez vous défaire.

BELISE.

Ah ! chimères ! ce sont des chimères, dit-on.
Chimères, moi ! Vraiment, chimères est fort bon !
Je me réjouis fort de chimères, mes frères ;
et je ne savais pas que j'eusse des chimères.

CHRYSALE.

Notre sœur est folle, oui.

ARISTE.

Cela croît tous les jours.

De même que les fous raisonnants, Belise prend pour
absolument vraies ses idées délirantes ; comme eux, la
contradiction ne fait que l'irriter et la convaincre davantage qu'elle est dans le vrai ; puis, lorsqu'elle n'a plus
rien à répondre, elle s'en tire par l'ironie ; et enfin, de

dépit et de colère, elle quitte la partie. Mais avant de
l'abandonner, elle défend avec toutes les ressources de
son intelligence les idées absurdes que sa passion lui a
suggérées. Avec quel art Molière a employé la *répétition*
dans cette circonstance ! Ce mot *chimère*, qui revient sans
cesse dans la bouche de Belise, prouve que ce mot, qui
l'a vivement froissée, occupe totalement son esprit, et la
manière désordonnée dont il est répété dépeint bien le
trouble que ce froissement a jeté dans son esprit. Cette
peinture de la folie chez l'homme en santé n'a rien d'exagéré. Les grands travers d'esprit inconscients qui fourmillent dans le monde, de même que les petits travers
auxquels nous sommes tous sans exception plus ou moins
sujets, produisent des délires de même nature qui parfois sont aussi accentués que ceux de Belise. Devant la
contradiction, ces délires sont défendus avec la même
vigueur par toutes les ressources de notre intelligence et
parfois avec le même emportement. Lorsque ces travers
d'esprit tirent leur source de sentiments respectables,
mais qui ont été exagérés et pervertis, soit par leur ten-
dance naturelle, soit par la mauvaise direction que l'éducation leur a imprimée, soit par l'exemple, soit par les
lectures qui les exaltent, ces travers enfantent les fanatismes si variés auxquels est sujette l'humanité, et dont
un d'entre eux a été exposé d'une façon si remarquable
par Cervantès dans *Don Quichotte*. Toute la différence
qui existe entre le fou en santé et le fou malade est que
les passions qui aveuglent le premier appartiennent à son
caractère naturel et sont dues à l'activité normale de son

cerveau, tandis que les passions qui dominent et aveuglent le second n'appartiennent pas à son caractère, elles sont suggérées par une activité cérébrale pathologique. Quant à l'état psychique, il est le même dans l'un et dans l'autre cas ; le délire peut être même identique.

L'égoïsme, qui prédomine si souvent dans toutes les folies humaines et que Molière n'a pas manqué de mettre en saillie dans l'exposition de tous ses passionnés aveuglés, fait que le fou rapporte à lui seul tous les événements qui se passent autour de lui. Nous venons de voir Belise rapporter à elle seule tous les actes des jeunes gens qu'elle rencontre. Il en est absolument de même chez le fou malade. Pendant le siège de Paris en 1870-71, les aliénés résidant dans les asiles qui touchent presque aux fortifications, assistaient aux scènes de ce siège sans y croire cependant ; ils interprétaient la canonnade continuelle, le mouvement des troupes, etc., dans le sens des passions qu'ils devaient à leur état cérébral. Des mélancoliques, en proie, sous l'influence de leurs passions tristes, au délire des persécutions, répétaient que nous n'étions point en guerre et que l'on usait de prétextes dérisoires pour prolonger leur séquestration. D'autres disaient que dans tout ce qu'ils voyaient il n'y avait rien de sérieux et que l'on faisait tout cela pour les tromper, que cette prétendue guerre n'était qu'une comédie dont toutes les scènes avaient été réglées d'avance entre la Prusse et la France pour les faire enrager. Un autre aliéné, qui lisait les journaux et qui, sous l'empire des passions orgueilleuses, se donnait le nom ambitieux de prince Paul-Émile, affirmait qu'il n'était pas assez sot pour prendre au sérieux ce qu'il lisait et ce qu'il voyait , que tout le bruit qu'il entendait était produit par des imbéciles qui tiraient le canon pour le pousser à bout, et qu'on avait réduit le régime alimentaire de la maison pour le faire crever de faim. Ces faits, rapportés par les Drs Drouet et Foville, se trouvent consignés avec des détails fort curieux dans les *Annales médico-psychologiques*, n° de janvier 1872, pag. 83 et suiv. En comparant ces délires à ceux de Belise, on peut se convaincre que la folie raisonnante de l'homme en santé est, au point de vue psychologique, semblable à celle du malade ; que les passions naturelles au caractère produisent, lorsqu'elles aveuglent l'esprit, les mêmes effets que les passions soulevées par une activité pathologique du cerveau ; on peut se convaincre enfin que Molière a parfaitement saisi le caractère psychologique de la folie et qu'il l'a admirablement rendu. Dans les deux cas, les facultés intellectuelles intactes, mais dirigées par des passions, ne produisent que des idées délirantes suivies et raisonnées, ainsi que Molière l'exprime si bien dans les vers suivants, par lesquels il énonce que la raison ne gît pas du tout dans la faculté de raisonner :

> « Raisonner est l'emploi de toute ma maison,
> et le raisonnement en bannit la raison. »

Que de psychologie vraie dans cette boutade du bonhomme Chrysale ! La raison en matière de conduite n'est point un produit de l'intelligence proprement dite, de la faculté d'associer les idées, de raisonner ; elle tire sa source du bon sens, des bons instincts moraux. La folie a sa source dans les passions qui aveuglent l'homme. Or, lorsque l'intelligence est dirigée par ces passions, elle ne fonctionne plus qu'au profit de l'extravagance, elle bannit la raison de son esprit. Voila ce que contiennent implicitement ces deux vers.

Dans l'ordre moral, de même que dans l'ordre organique et dans l'ordre intellectuel, la nature crée des conformations incomplètes, vicieuses, et même de véritables monstruosités. Si la science a étudié les monstruosités organiques, elle ne s'est jamais occupée sérieusement des monstruosités morales, parce qu'elle ne les a point admises encore comme étant des phénomènes naturels. Molière était plus avancé sous ce rapport. Non seulement il a décrit ces monstruosités avec leurs caractères spéciaux : la perversité alliée à l'insensibilité morale, mais encore il s'est servi du terme qui l'exprime, et qui, je crois, n'avait pas été employé avant lui. Armande, exaspérée de ce que Clitandre l'abandonne pour porter ses hommages sur sa sœur, considère ce procédé comme tout ce qu'il y a de plus moralement hideux au monde, et elle qualifie Clitandre du nom qui convient aux individus qui commettent des actes criminels sans qu'ils en aient de la honte et du remords :

« Au changement de vœux nulle horreur ne s'égale ;
et tout cœur infidèle est *un monstre en morale.* »

Les personnes qui sont aveuglées par une passion exagèrent toujours en mal et dénaturent les opinions de leurs adversaires, afin de les déprécier, de les ridiculiser autant que possible, et de les combattre plus aisément.

Molière n'a point omis de mentionner cet effet, que l'on
rencontre dans toutes les discussions politiques, religieuses, artistiques et même scientifiques, lorsqu'elles
deviennent passionnées :

PHILAMINTE.

« Remettons ce discours pour une autre saison.
Monsieur n'y trouverait ni rime ni raison ;
il fait profession de chérir l'ignorance
et de haïr surtout l'esprit et la science.

CLITANDRE.

Cette vérité veut quelque adoucissement.
Je m'explique, Madame, et je hais seulement
la science et l'esprit qui gâtent les personnes.
Ce sont choses de soi qui sont belles et bonnes ;
mais j'aimerais mieux être au rang des ignorants
que de me voir savant comme certaines gens. »

La critique de M. De Laprade n'a pas épargné l'œuvre
que nous étudions en ce moment. « *Les Femmes savantes*,
dit-il, complètent la théorie de Molière à l'endroit des
femmes... La pensée des *Femmes savantes* ne semble
au premier abord dirigée que contre un travers choquant.
Mais, malgré les réserves que le Poète met dans la
bouche des personnages raisonnables de la pièce, on sent
que la critique porte plus loin que le pédantisme et les
femmes docteurs. » M. De Laprade suppose que l'idée
de Molière à l'égard des femmes est réellement

« ... qu'une femme en sait toujours assez
quand la capacité de son esprit se hausse
à connaître un pourpoint avec un haut-de-chausse. »

Bien que ces paroles soient mises dans la bouche de

Chrysale, personnage qui fait preuve de beaucoup de bon sens lorsqu'il n'est pas sous l'empire de la colère que suscitent en lui les extravagances qui se commettent dans sa maison, il ne faut pas cependant prendre ces paroles au sérieux. Dans la disposition d'esprit où Chrysale se trouve quand il les prononce, c'est-à-dire lorsqu'il est exaspéré par les ridicules prétentions à la science et au bel esprit, de sa femme, de sa sœur et de sa fille aînée, qui négligent les soins du ménage, il devait parler comme un passionné, il devait alors, comme tout homme en colère, outrepasser la vérité dans ses récriminations, dire même des sottises, car la colère est un court instant de folie : *ira furor brevis est*, ainsi que le dit Horace. Telle est la cause qui fait exprimer à Chrysale quelques exagérations au milieu des pensées si justes qu'il émet dans l'admirable scène VII de l'acte II. Et par ces exagérations, Molière s'est montré, comme toujours, psychologue irréprochable, décrivant la nature humaine telle qu'elle se montre d'après les lois auxquelles elle est soumise. Chrysale tombe encore dans la même exagération lorsque, pendant un moment de colère, il approuve sans réserve l'opinion que sa servante Martine professe à l'égard des savants. En état de calme, Chrysale n'eût certainement pas approuvé le dire de cette fille. On doit conclure de là que, si l'on veut connaître l'opinion exacte d'une personne sur un objet, ce n'est pas sur des propos tenus dans un moment de colère qu'il faut se former cette opinion, mais sur ce que cette personne exprime dans un état de calme, alors qu'elle se possède entièrement. Les auditeurs riront toujours des exagérations dans lesquelles Chrysale tombe sous l'influence de son indignation, ce qui ne les empêchera pas d'applaudir aux sages maximes qu'il prononce lorsque, étant calme, il est guidé par son bon sens, par la raison. Dans le personnage de Chrysale, Molière nous a montré l'homme avec son mélange de raison et de déraison, suivant les éléments instinctifs qui l'animent.

Revenons un instant à l'opinion que Martine a formulée sur les beaux esprits, et que, dans son emportement, Chrysale a approuvée sans restriction. Cette opinion est exprimée en ces termes :

« L'esprit n'est point du tout ce qu'il faut en ménage.
Les livres cadrent mal avec le mariage ;
et je veux, si jamais on engage ma foi,
un mari qui n'ait point d'autre livre que moi,
qui ne sache A ne B, n'en déplaise à Madame,
et ne soit, en un mot, docteur que pour sa femme. »

Cette opinion, quelque burlesque qu'elle soit par l'exagération dont elle est empreinte, représente cependant, abstraction faite de cette exagération, une vérité sur le caractère de la femme. Les mérites intellectuels entrent bien rarement en ligne de compte dans ce qui inspire de l'amour aux femmes. Les grands génies, en quelque genre que ce soit, sont bien loin d'avoir été les plus heureux en amour. L'exemple de Molière entre autres est là pour le prouver. De grands niais ont séduit plus d'une fois des femmes d'esprit. Ce qui plaît principalement à la femme, c'est, ainsi que le dit Martine, d'occuper tout entière la pensée de l'homme, et ce n'est point en général ce qu'elles rencontrent chez les grandes intelligences et les savants. Et puis, l'amour étant tout sentiment, ce ne peut être que par le sentiment, par quelque chose d'instinctif, fort variable selon les personnes, et non par l'intelligence, qu'il est excité et qu'il se fixe. C'est bien encore le cas, à l'occasion de la tirade de Martine, de dire, avec Boileau, que les plus burlesques paroles de Molière représentent de savantes vérités.

CONCLUSION.

Arrivé au terme de ma tâche, je dois prévenir que je suis bien loin d'avoir révélé tout ce que l'œuvre de Molière renferme de science, et partout où elle en renferme. Celle-ci y est répandue avec une profusion telle que l'on peut dire que ses œuvres sérieuses, et parfois aussi les plus gaies, sont presque constamment écrites en axiomes, en sentences psychologiques qui s'appliquent non seulement au cas présent, mais encore à la généralité des cas. Cette forme sentencieuse donne même à son style un cachet spécial. En signalant les parties les plus importantes de son théâtre au point de vue où je l'ai étudié, j'en ai dit assez pour que chacun puisse suppléer à ce qui manque. Les pièces de Molière, quoique composées pour être jouées, sont plutôt faites pour être méditées dans le silence du cabinet. C'est seulement par leur étude réfléchie qu'il est possible d'en apprécier toute la portée scientifique.

Sauf dans *les Précieuses ridicules* et *les Femmes savantes*, où il a frappé sur un travers d'esprit de son temps, Molière a dépeint les passions générales de l'humanité et leurs effets naturels ; or, comme ces passions et ces effets ne varient pas, les comédies de Molière seront de toutes les époques et resteront comme un monument impérissable de science psychologique. Pour ne s'être jamais égaré dans ce labyrinthe des passions, où tant d'autres ont fait parfois fausse route, quel talent d'observation, quelle justesse dans le coup d'œil, quelle rectitude dans le jugement ne fallait-il pas posséder !

Les commentateurs de Molière, frappés de la perfection avec laquelle il a découvert tous les replis du cœur humain, ont cru devoir rattacher cette perfection à ce qu'il s'était dépeint lui-même dans plusieurs de ses principaux personnages. Ainsi, ils lui attribuent en partie, soit les passions d'Arnolphe de *l'École des femmes*, du *Misanthrope*, du fou Sganarelle de *l'École des maris*, soit les sentiments du sage Ariste de la même comédie, etc. Cette appréciation est inexacte, ou du moins fort exagérée. Il est certain que Molière a éprouvé, selon les circonstances très accidentées de sa vie, les sentiments et les passions de quelques personnages de ses comédies, puisque ces éléments instinctifs de l'esprit sont ceux qui animent, à des degrés divers néanmoins, la plupart des hommes. Mais ce n'est pas seulement parce que les circonstances ont excité en lui ces mêmes éléments instinc-

tifs qu'il les a si bien représentés. Molière, dirigé par
l'observation des caractères, avait la merveilleuse pro-
priété de s'identifier avec tous les instincts de l'âme, avec
toutes les passions, et de saisir avec un coup d'œil assuré
leurs effets naturels, bien qu'il ne les éprouvât pas lui-
même. Aussi a-t-il pu rendre avec autant de perfection
ceux de ces éléments qui lui étaient étrangers que ceux
qui lui étaient personnels. C'est ainsi qu'il a dépeint avec
une vérité aussi remarquable *l'Avare*, *Tartuffe* et *Don
Juan*, que les personnages dont il a pu partager les sentiments et les passions. Bien plus, il a réussi autant dans
la peinture des caractères féminins que dans celle des
caractères masculins. On reste frappé d'admiration devant
la grâce naïve et l'ingénuité d'Agnès, devant les séduisants
caractères de ses jeunes amoureuses, dont pas une ne res-
semble aux autres, et qui toutes, par différents côtés,
représentent si bien les qualités aimables de la femme.

D'après cette étude, on ne saurait disconvenir que
la psychologie ne doive renfermer une branche spéciale
réservée à l'étude des instincts du cœur, des sentiments
et des passions, ainsi que de leurs effets naturels, et qu'à
cette branche appartiennent la psychologie de la raison et
celle de la folie. Or, n'est-il pas étonnant que cette partie si importante de la psychologie ait si peu attiré l'attention des philosophes ? L'École écossaise, il est vrai,
s'est beaucoup occupée des bons instincts du cœur, et
elle les a décrits et classés sous le nom de sentiments
moraux, de facultés morales. C'est beaucoup sans doute ;
mais elle n'a pas touché aux effets naturels des passions,

parce que, de même que les écoles qui l'ont précédée et celles qui l'ont suivie, elle a considéré ces effets comme entièrement facultatifs, comme indépendants de toute loi, comme étrangers par conséquent à toute science. Les œuvres de Molière ont prouvé qu'il n'en est point ainsi. La statistique, appliquée non seulement aux crimes mais encore aux actes ordinaires de la vie, vient prêter son concours pour démontrer également que le monde moral, aussi bien que le monde physique, est dirigé par des lois naturelles, et que, si dans l'activité humaine il y a réellement une place réservée au libre arbitre, cette place est beaucoup plus restreinte que ce qu'on l'a supposé, faute d'avoir recherché, ainsi que je l'ai fait ailleurs, non seulement les conditions nécessaires à l'existence de cette vraie liberté, mais encore celles qui sont nécessaires à son exercice.

Une nouvelle école psychologique, d'origine anglaise, cherche actuellement à se substituer aux précédentes. C'est l'école dite : associationniste, parce qu'elle fait dériver tous les pouvoirs de l'esprit de la faculté qu'il possède de poursuivre, d'associer les idées entre elles d'après certaines tendances naturelles. Si cette école ne s'est guère occupée des effets, des sentiments et des passions, ce n'est pas parce que, comme ses devancières, elle a attribué ces effets au libre arbitre, car les philosophes de cette école considèrent ce pouvoir comme n'existant à aucun degré, mais parce qu'un des buts qu'ils poursuivent est d'annihiler le plus possible tout ce qui est instinctif en nous, pour le rattacher à l'élément intel-

lectuel, et par conséquent à la faculté d'association. En
éliminant à peu près de leur psychologie ce qui a trait
aux sentiments et aux passions, ils laissent dans leur
œuvre une lacune immense que le pouvoir associationniste ne saurait combler. Ce qui est instinctif en nous, ce
qui qualifie nos pensées, ce qui est le principe de nos
désirs et même, dans le plus grand nombre des cas, de
nos volontés, ne saurait ni se supprimer, ni s'amoin-
drir.

De ces considérations, il est permis de conclure qu'il
est glorieux pour Molière d'avoir mis en évidence la
partie la plus importante et la plus pratique de la psychologie, alors que les diverses écoles philosophiques,
par des raisons différentes, s'en sont peu ou ne s'en sont
point occupées. Concluons encore que si nos législateurs
et nos gouvernants croient avoir tout fait pour l'amélio-
ration de la jeunesse et le bonheur du peuple en créant
des écoles au profit de l'intelligence et de l'instruction,
ils se trompent étrangement. Tant qu'ils ne viseront pas
à développer dans le peuple les sentiments moraux, les
nobles instincts de l'âme, par leur culture spéciale, par
l'éducation, en un mot ; tant qu'ils n'auront pas à cœur
de combattre énergiquement les causes de perversion,
parmi lesquelles il faut mettre en première ligne : 1° la
mauvaise presse qui nourrit ses trop nombreux lecteurs
des deux sexes d'immoralités de toute espèce et de crimes, 2° l'abus du vin et de l'alcool, ces poisons par
excellence du physique et du moral, les plus grands ennemis du bien-être de la classe ouvrière, ils auront com-

plètement manqué le but qu'ils se proposent. Qu'auront-
ils fait en réalité ? Ils auront mis une dose d'intelligence
plus grande, une instruction plus développée, au service
des instincts pervers, des appétits matériels, des mauvaises passions, de la folie. Si l'instruction est en progrès,
l'éducation se trouve dans un état de décadence complète,
et cela, il faut bien le reconnaître, dans tous les rangs de
la société. On confond tellement, en général, l'éducation
avec l'instruction, que l'on croit donner la première
alors qu'on ne donne que la seconde. Si la culture des
bons sentiments appartient surtout aux parents et aux
chefs d'institution, en excitant dans le cœur des enfants
les nobles instincts moraux qui inspirent le bien, le juste,
le respect qu'ils doivent à leurs supérieurs, à leurs semblables et aux lois établies, c'est à l'État surtout qu'in-
combe le devoir de supprimer les causes de perversion,
de mettre fin autant que possible à la manifestation
éhontée des mauvais instincts, dont la nature essentiellement contagieuse ne peut laisser de doute à personne.

Les lois psychiques, qu'avait si bien pressenties Molière,
étant celles qui président à la raison et à la folie, je ter-
minerai ce travail en les formulant :

1° Quand l'activité intellectuelle fonctionne, alors que
les éléments instinctifs de l'esprit, les sentiments et les
passions sont également en activité, ces éléments instinctifs dirigent les facultés intellectuelles, la faculté d'association, pour employer le terme adopté. Ce qui revient à dire :
l'homme pense, imagine, raisonne, juge comme il sent.

2° Il n'y a pas de faculté appelée *raison*. En matière de conduite, la raison est inspirée par chacune de nos facultés morales, par chacun de nos bons sentiments. Ceux-ci étant indépendants les uns des autres, selon ceux dont on est doué et ceux dont on est privé, on peut être raisonnable sur tel objet et déraisonnable sur tel autre. Admirons ici le grand sens psychologique de Molière, qui n'a pas manqué, à l'encontre de ce qu'ont enseigné les écoles philosophiques, de dire et de répéter que l'intelligence n'était pas la raison, que l'on peut posséder l'une sans posséder l'autre, et de faire ressortir que l'intelligence prête son concours aussi bien aux éléments instinctifs inspirateurs de la déraison, de l'immoralité, qu'à ceux qui inspirent la raison, la morale. Ce principe psychologique a une importance majeure dans les questions de responsabilité. Elle devra modifier nécessairement l'opinion qui base la responsabilité sur l'intelligence, et non pas sur la raison.

3° Ce sont les sentiments moraux qui éclairent l'homme sur la nature extravagante ou perverse des mauvais sentiments, des inspirations passionnées. Si les sentiments moraux sont absents de l'esprit, l'homme ignore tout à fait l'extravagance ou l'immoralité de ses pensées, de ses désirs, de ses volontés.

4° Les passions peuvent s'emparer d'une manière si complète de l'esprit humain qu'elles y étouffent d'une manière absolue les sentiments moraux qui pourraient éclairer l'homme à l'égard de ses inspirations passionnées.

Celui-ci se trouve alors momentanément dans les mêmes conditions psychiques que si la nature l'avait privé de ces sentiments moraux. Les passions dirigent alors complètement la faculté raisonnante, l'imagination, les jugements, les désirs et les volontés ; l'homme ne se possède plus, il est possédé par ses passions. Privé des éléments générateurs de la raison, il croit bien penser, bien juger, être dans la voie de la vérité, du bien et de la justice, alors qu'il déraisonne complètement. Tel est l'état psychique constitutif de la folie.

Ces principes, tous parfaitement conçus par notre grand Molière, sont la base de la psychologie des sentiments et des passions.

TABLE DES MATIÈRES